Edgar Loening

Die Erbverbrüderungen zwischen den Häusern Sachsen und Hessen

Und Sachsen, Brandenburg und Hessen

Edgar Loening

Die Erbverbrüderungen zwischen den Häusern Sachsen und Hessen
Und Sachsen, Brandenburg und Hessen

ISBN/EAN: 9783743458628

Hergestellt in Europa, USA, Kanada, Australien, Japan

Cover: Foto ©ninafisch / pixelio.de

Manufactured and distributed by brebook publishing software (www.brebook.com)

Edgar Loening

Die Erbverbrüderungen zwischen den Häusern Sachsen und Hessen

Die Erbverbrüderungen

zwischen

den Häusern Sachsen und Hessen

und

Sachsen, Brandenburg und Hessen.

Habilitationsschrift

von

Edgar Löning.
Dr. utr. iuris et phil.

Frankfurt a. M.
Literarische Anstalt.
(Rütten und Löning.)
1867.

Seinem verehrten Oheim

Dr. J. Dernburg,
Großherzogl. Heff. Oberappellations- und Cassationsgerichtsrath,

zugeeignet.

I.

Geschichte

der

sächsisch-hessischen und sächs.-hess.-brandenburgischen Erbverbrüderungen.

Im Laufe des dreizehnten Jahrhunderts hatte das deutsche Fürstenthum fast gänzlich seinen ursprünglichen Charakter eines Amtes verloren. Mehr und mehr hatte sich die Amtsgewalt in Landeshoheit umgewandelt, die Fürsten hatten aufgehört, kaiserliche Beamte zu sein, und wesentlich war es nur der Lehensverband, der sie mit Kaiser und Reich verknüpfte. Aber noch war das Ziel, nach dem sie strebten, nicht erreicht. Das deutsche Lehnrecht legte ihrem Trachten nach Unabhängigkeit und Selbstständigkeit noch zu starke Fesseln an und machte ihre Abhängigkeit von dem Kaiser noch zu fühlbar. Ihre nächste Aufgabe mußten sie darin sehen, den Lehnsverband zu lockern und ihm die Gestalt zu geben, in der er die Entwicklung ihrer Selbstständigkeit am wenigsten aufzuhalten vermochte. Vor allem mußte ihnen die Umänderung der Bestimmungen des deutschen Lehnrechts über die Vererbung der Lehen nothwendig erscheinen. — Wenn das altdeutsche Lehnsfolgerecht vorschrieb, daß der Besitzer des Lehens dasselbe nur auf seine Descendenten, nicht auf Ascendenten und Seitenverwandte vererben kann, so war dies eine Bestimmung, welche den Fürsten mit der Stellung, die sie schon am Anfang des 14. Jahrh. dem Kaiser und ihren Unterthanen gegenüber errungen hatten, nicht mehr verträglich erschien. Die Ausbildung der Landeshoheit erschien im höchsten Grad gefährdet, wenn diese beschränkte Erbfolge, welche den Heimfall der Reichslehen an den Kaiser so sehr erleichterte, in Geltung bliebe. Viel zu häufig hätte die kaiserliche Gewalt Gelegenheit gefunden, in die Geschicke der ein=

zelnen Territorien bestimmend einzugreifen. Viel zu kurz wäre ein Haus im Besitz der Reichslehen geblieben, als daß sich seine Fürsten als thatsächlich unabhängige Regenten ihrer Lande hätten behaupten können.

Ferner gab das deutsche Lehnrecht dem Kaiser als dem Lehnsherrn das Recht, nur einen unter mehreren Söhnen des verstorbenen Vasallen zu belehnen. Wenn nun auch die strenge Wahrung dieses Rechts die Ausbildung der Landeshoheit in anderer Beziehung vielleicht gefördert hätte, so war doch die Ansicht, welche eine gleiche Theilung auch der Lehnshinterlassenschaft unter die Söhne forderte, zu mächtig, als daß sie nicht selbst die Rücksicht auf staatliche Macht und Einheit zurückgedrängt hätte. Wie sich aber die allgemeine Forderung, die tief in deutscher Sitte begründet war, nach einem gleichen Erbrecht mehrerer Söhne im Lehnrecht Bahn brach, da konnte auch die staatsrechtliche Natur des Fürstenthums, die von der herrschenden Anschauungsweise nicht gewürdigt werden konnte, dem Streben nach Theilbarkeit der ganzen Hinterlassenschaft eines verstorbenen Fürsten keine Schranken setzen. —

Zu beiden Zwecken, sowohl um die Seitenverwandten folgeberechtigt zu machen, wie auch, um das Eintreten mehrerer Erben in das Lehen zu ermöglichen, diente das Institut der gesammten Hand. Freilich war ursprünglich auch hiermit mancher Uebelstand verknüpft, der die Abhängigkeit von dem Lehensherrn zu fühlbar machte und der freien Entwicklung der Selbstständigkeit des fürstlichen Hauses noch allzu viele Hindernisse in den Weg legte. Mehrere Erben konnten jetzt zwar durch die Gesammtbelehnung das Lehen gemeinschaftlich empfangen, aber sie mußten entweder in dem gemeinschaftlichen Besitze des Lehens bleiben, oder wenn sie Theilung des Lehens verlangten, so hatte Jeder zwar seinen Theil als eigenes Lehen, das er auf seine Descendenten vererbte, aber er hatte sein Recht an die übrigen Theile des ursprünglich gemeinschaftlichen Lehens verloren: die gleiche Gewere am Lehen war gebrochen. Um diesen nachtheiligen Folgen der Theilung zu entgehen, konnten die Abgetheilten zwar gegenseitig eine Anwartschaft erlangen, jedoch genügte auch eine solche keineswegs, da nach deutschem Rechte weder bei dem Gedinge noch bei der Anwarbung die Rechte auf die Erben des Beliehnen übergingen, noch dieser selbst gegen die Erben des Lehnsherrn ein Recht besaß. Um diesen Nachtheilen zu entgehen, blieben die mehrern Mitbelehnten in der Regel in dem gemeinschaftlichen Besitze des Lehens und nahmen nur eine Theilung der Nutzungen (Mutschirung) oder eine widerrufliche Theilung auf bestimmte Zeit (Oerterung) vor. Bald jedoch wurden auch diese Schwierigkeiten beseitigt, indem einer Seits das Langobardische Lehnrecht, welches die Folge aller Nachkommen des ersten Erwerbers des Lehens zuließ, in dem größten Theile von Deutschland die Herrschaft gewann, und indem anderer Seits das Institut der gesammten Hand eine Umwandlung erfuhr, wodurch der Rückfall des Lehns an den Herrn immer weiter hinausgeschoben werden konnte. Seit dem Anfang des 14. Jahrhunderts entwickelte sich die Belehnung zur gesammten Hand in der Weise, daß auch wirkliche reelle Theilung vorgenommen werden konnte, ohne daß hierdurch das gegenseitige Successionsrecht verloren gegangen wäre. Hierdurch war das Institut fast gänzlich in ein eventuelles Successionsrecht umgewandelt, wenn es sich auch von den verschiedenen Formen der Eventualbelehnung noch mannigfach unterschied.[1]) Ursprünglich war sicherlich die Belehnung zur gesammten Hand nur unter Mitgliedern desselben Hauses, die nur auf diese Weise ein Erbfolgerecht an den Lehen erhalten konnten, zur Anwendung gekommen, aber es lag kein Grund vor, daß nicht auch andere Häuser, die nicht von dem ersten Erwerber des Lehens abstammten, in dieser Weise die Belehnung auf den Aperturfall erhielten. Der Belehnte wurde den Worten nach in die Gemeinschaft des Lehens aufgenommen, ohne jedoch irgend welchen gegenwärtigen Besitz an den Lehen zu erhalten. Natürlich konnte diese Entwicklung sich nur allmählich vollziehen, und noch

---

[1]) Vgl. Homeyer Sachsenspiegel Theil II. Bd. II. § 45 p. 467.

lange suchte man den Schein eines gemeinschaftlichen Besitzes aufrecht zu erhalten durch hierauf gehende Worte und Formen, durch Bestellung eines geringen Zinses von den beiderseitigen Gütern, durch gegenseitige Annahme der Titel und Wappen u. s. w.[2]) Eine solche Belehnung zur gesammten Hand, wodurch mehrern Häusern für den Fall, daß eines derselben aussterben sollte, das Successionsrecht in deren Lehen zugesichert wurde, hatte vor der Eventualbelehnung, auch nachdem die hieraus entstandenen Rechte vererblich geworden waren, mannigfache Vortheile voraus. Bei den unsichern rechtlichen Zuständen des Reiches und der schwankenden Macht des Kaisers war es von der größten Wichtigkeit, sich die Zustimmung des Hauses, dem man succediren wollte, zu verschaffen. Die Eventualbelehnung aber ging nur von dem Lehnsherrn aus, während die Gesammtbelehnung, wie es scheint, nur auf Antrag der Parteien erfolgte.[3]) Verband sich nun mit diesem Successionsrecht in die Lehengüter auch eine gegenseitige Nachfolge in das Allodialgut, so daß das Erbrecht das gesammte Besitzthum der mehrern Häuser umfaßte, so war hiermit ein neues Institut, das der Erbverbrüderung, entstanden, das aus dem Rahmen des Lehenrechts zwar herausgetreten war, dessen eigenthümlicher Charakter aber den Grundsätzen des gemeinen Rechts in hohem Grade widersprach.

Die frühsten Beispiele einer Erbverbrüderung finden wir im Anfange des 14. Jahrhunderts; die erste, von der wir sichere und ausführliche Kunde haben, wurde zwischen dem Markgrafen Ludwig von Brandenburg und seinen Brüdern, den Herzögen von Bayern, unter Vermittlung und Bestätigung des Vaters, des Kaisers Ludwig des Bayern im Jahre 1334 abgeschlossen. Zwar soll schon in der zweiten Hälfte des 13. Jahrhunderts eine Erbverbrüderung zwischen dem Markgrafen Heinrich

---

2) Vgl. über diese Entwicklung, die wir hier nur andeuten können, Homeyer a. a. O. Pfeiffer über die Ordnung der Regierungsnachfolge in den monarchischen deutschen Staaten Bd. I. p. 376 und ff. Duncker Gesammteigenthum p. 80 u. ff.
3) Vgl. die von Duncker a. a. O. und Pfeiffer a. a. O. angeführten Beispiele.

dem Erlauchten von Meißen und dem Landgrafen von Hessen zu Stande gekommen sein und zwar bei Gelegenheit des Friedens, der den Krieg über die thüringische Erbschaft zwischen Heinrich dem Erlauchten und Sophia von Brabant, der Mutter des Landgrafen Heinrich des Kinds beendigte (1264). Jedoch ist diese Annahme unzweifelhaft unrichtig.⁴) Eine Urkunde über einen Erbvertrag findet sich nicht vor; in den spätern Urkunden über die Erbverbrüderung zwischen Meißen und Hessen vom Jahre 1373 wird nirgends darauf hingedeutet, daß schon früher ein ähnlicher Vertrag zwischen den beiden Häusern bestanden habe. Die Schriftsteller aber, die uns die sichersten Nachrichten über jenen Friedensschluß geben und der Zeit am nächsten stehen, melden von einer Erbverbrüderung oder einer Gesammtbelehnung nichts.⁵) Erst Schriftsteller aus dem 16. Jahrhundert wissen von einer Erbverbrüderung, die im Jahre 1264 abgeschlossen worden sein soll, und zwar scheint diese Nachricht zuerst aufgebracht worden zu sein von dem Verfasser der „Chronika und altes Herkommen der Landgraven zu Döringen und

---

4) In der neuern Zeit ist der Abschluß einer Erbverbrüderung bei dieser Gelegenheit für wahrscheinlich gehalten von: Eichhorn deutsche Staats- und Rechtsgeschichte Bd. III. p. 144 (5. Aufl.): „Die Grundlage der Erbverbrüderung zwischen Sachsen und Hessen scheint eine Erbeinigung zu sein, die nur Thüringen auf der einen und Hessen auf der andern Seite im Falle des Aussterbens eines der beiden Geschlechter zum Gegenstand hatte. — 1373 wurde jene Erbeinigung in eine Erbverbrüderung verwandelt, welche daher die sämmtlichen meißnischen Länder und überhaupt alle jetzigen und künftigen Erwerbungen beider Theile zum Gegenstand hatte." Eichhorn scheint den Unterschied zwischen Erbeinigung und Erbverbrüderung hier darin zu finden, daß jene nur auf einen Theil der beiderseitigen Vermögen gehe. Aber Erbeinigung ist überhaupt kein die Erbfolge betreffender Vertrag, sondern nur ein auch auf die Erben übergehendes gegenseitiges Schutzbündniß. Der Ansicht Eichhorn's ist gefolgt E. Vehse, De Pacto Confratern. Sax. Hass. (1825) p. 16.

5) Vgl. Anonymi Erphesfordensis Hist. de Lantgraviis Thuring. apud Pistor. Rerum German. Script. ed. Struve I. p. 1320 Hist. de Lantgraviis Thuring. ap. Eccard Hist. Genealog. principum Saxon. p. 431. Chronicon S. Petri apud Mencken Script. Rer. Germ. III. ad ann. 1263. Annales Reinhardsbrunnenses ad ann. 1264 in Thüringische Geschichtsquellen Bd. I. Rotho During. Chronik. Thüringische Geschichtsquellen Bd. III. p. 423. Chronicon terrae Missnensis ap. Mencken Script. II. p. 325.

Marggraven zu Meissen", ⁶) der berichtet: und furters ward gemacht die erbeinung, welches lant erblos sturbe, so sollen die andern herrn erben darzu seyn und blieben; also warden sie in der güthe vertragen und zu erbeinigungen bracht. Hieraus scheint die Nachricht übergegangen zu sein in die hessische Reimchronik, die aber erst nach 1567 verfaßt worden ist. ⁷) Aber sowohl diese Reimchronik als die thüringische Chronika zeigen sich bei näherer Prüfung als so unkritische Compilationen, daß beiden eine Verwechselung mit der spätern Erbverbrüderung von 1373 sehr wohl zuzutrauen ist. Jedoch ging aus ihnen diese Nachricht über in sächsische Historiker des 16. Jahrhunderts, wie Chytraeus, Fabricius, Albinus, welchen dann eine große Reihe von Historikern und Staatsrechtslehrern sie entnahmen. Manche erfanden sogar eine königliche Bestätigung dieser Erbverbrüderung durch Richard von Cornwallis aus dem Jahre 1267. ⁸)

Erscheinen diese Nachrichten nun freilich alle als unglaubwürdig, so liegt dagegen aus dem Jahre 1329 ein unzweifelhaft ächter Brief des Kaisers Ludwigs des Bayern an den Markgrafen Friedrich von Meißen (d. b. Pavia 23. Juni 1329) vor, der zu manchen Bedenken Veranlassung gibt. ⁹) Der Kaiser schreibt: Intelleximus quod tu cum

---

6) Bei Senckenberg Selecta Juris et Hist. III. p. 334. Die Chronik ist erst nach 1520 verfaßt.

7) Kuchenbecker Analecta Hassiaca Coll. VI. p. 241:
Die Erbeinung kam darzu,
Daß, welches Land ausstirbet nu,
Solches wieder zum Andern fall,
Wie das da ist verglichen all.

8) So besonders Zschakwitz Rechtsansprüche hoher Häupter I. p. 270 (1734), der sich auf Carpzov beruft. Aber gerade dieser spricht seine Zweifel an der Existenz einer Erbverbrüderung aus dem Jahre 1264 unverhohlen aus. (B. Carpzov De pacto Confrat. Sax. Hass. Lipsiae 1647. cap. I. § 122 sqq.). —

9) Gedruckt bei Riedel Codex. Diplom. Brandenb. Abth. II. Bd. II. p. 57. Auf dieses Schreiben haben besonders hingewiesen J. G. Horn genauere Untersuchung des wahren Ursprungs und Anfangs von denen — Erbverbrüderungs Pactis zwischen Sachsen, Brandenburg und Hessen in Schminko Monumenta Hass. Bd. III. p. 1 u. ff. (1750) und Haselberg De Origine et Increm. pact. confratern. Sax. Hass. 1788.

illustri Heinrico Landgravio Hassie — tractatus quosdam speciales habeas de subjiciendo sibi Landgraviatum Thuringie perfidelium ejusdem principatus omagia et sue fidelitatis sacramenta. Cum id itaque in prejudicium et manifestum, gravamen, dispendium et jacturam illustris Ludovici Marchionis Brandenburgensis — aperte vergere dinoscatur, ideo sinceritati tue presentibus injungimus et mandamus et inhibendo precipimus et vetamus. Quatenus predictum Landgraviatum Thuringie nec sororio nostro Landgravio Hassie nec alicui alteri quam predicto filio nostro Ludovico — subjicias quoque modo. Volumus enim quod liga, que inter te et eundem sororium tuum, filium nostrum de Marchionatu Brandenburgensi et Misnensi facta sit et per nos confirmata, ad Landgraviatum Thuringie sub eisdem punctis et nexibus effectualiter extendatur et quod de eo sicut de aliis tuis terris et principatibus iidem vestri tractatus plenarie intelligantur.

Leider finden sich unter den zahlreichen Urkunden, die uns über die damaligen Verhältnisse des Markgrafen Friedrichs von Meißen zu dem Markgrafen Ludwig von Brandenburg erhalten sind, gerade diejenigen nicht, aus denen wir eine sichere Kenntniß über den Inhalt der Verträge, welche der Kaiser in seinem Briefe erwähnt, schöpfen könnten. Jedoch machen es mehrere Umstände höchst wahrscheinlich, daß schon einige Jahre vorher eine Erbverbrüderung zwischen den beiden Markgrafen abgeschlossen worden ist. In dem Jahre 1327 haben brandenburgische Städte dem Markgrafen Friedrich eine Huldigung geleistet und zwar für den Fall, daß sie ihm anfielen in Folge des Todes des Markgrafen Ludwig. Markgraf Friedrich stellte ihnen über diese Huldigung Reversbriefe aus, worin er ihnen zugleich für den betreffenden Fall ihre Freiheiten bestätigte.[10]) Aus demselben Jahre

---

10) „Wir Friderich von Gottes Gnaden Landgrave zu Doringen, Marcgrave zu Misen u. s. w.: Geschehe, daz uns die Stat und das Land zu Müncheberg angewelet von Tode unsers Swagers Marcgraven Ludewigs von Brandenburch als sie uns gelobet und gesworen haben, daz wir dieselbe Stat, daz Land und die Lute

hat sich ein Schreiben des Kaisers Ludwig erhalten an die Städte Altenburg, Zwickau und Chemnitz (welche im Jahre 1324 dem Markgrafen von Meißen von dem Kaiser übertragen worden waren), worin er denselben befiehlt, dem Markgrafen von Meißen und nach dessen Tod dem Markgrafen Ludwig von Brandenburg treu und gehorsam zu sein und zu huldigen.¹¹) — Alle diese Urkunden lauten nun zwar dahin, als sollten die Städte dem Markgrafen von Meißen, resp. dem von Brandenburg anfallen bei dem Tode des Fürsten, ohne Rücksicht darauf, ob derselbe Lehnserben hinterlasse oder nicht. Jedoch wäre es immerhin möglich, daß hier nur eine ungenaue Ausdrucksweise vorliege, die um so leichter entstanden sein konnte, als damals weder Markgraf Friedrich noch Ludwig lehnsfolgeberechtigte Verwandten hatten. Der erstere war der einzige Sprosse des Wettinischen Hauses und damals noch kinderlos (sein ältester Sohn Friedrich der Strenge wurde erst 1332 geboren); die Brüder des Markgrafen Ludwig aber, der ebenfalls kinderlos war, konnten keinen Anspruch auf Brandenburg erheben, da Ludwig der erste aus Wittelsbachischem Stamme war, der mit Brandenburg belehnt worden war, seine Seitenverwandten also nach Lehnrecht kein Erbfolgerecht besaßen. — Aber freilich scheint der Bestand dieser Erbverbrüderung nur von kurzer Dauer gewesen zu sein. Im Jahre 1334 schließt Markgraf Ludwig eine neue Erbverbrüderung mit seinen Brüdern, den Herzögen von Bayern, ohne daß bei dieser Gelegenheit der früheren Verbindung mit dem Markgrafen von Meißen gedacht würde. Und doch stand in dieser und der folgenden Zeit Markgraf Friedrich mit den Wittels-

---

lazen schulen by allem Rechte, by aller Brihent und by aller guter Gewohnheit die sie by den alben Marcgreven von Brandenburch gehabt haben." Brandenburg 15. Juli 1327. Riedel Cod. Dipl. Brand. Abth. I. Bd. XX. p. 136. Aehnlich Reversbrief für Berlin von demselben Tage. Riedel Abth. II. Bd. VI. p. 57.

11) Sivero prefatus gener noster Marchio Misnensis de medio hujus seculi tollatur, — Illustri Ludovico Marchioni Brandenburgensi per fidelitatis homagium obedire vos — volumus. Pisis 17. Oct. 1327. Riedel Abth. II. Bd. II. p. 42.

bachern in freundschaftlichster Beziehung. Wenige Monate vorher hatte er mit Markgraf Ludwig ein Bündniß zu gegenseitiger Vertheidigung abgeschlossen (Februar 1334). Auch findet sich nicht die geringste Spur, daß späterhin Markgraf Friedrich oder seine Nachkommen irgend welche Ansprüche auf die Mark Brandenburg geltend gemacht oder Einsprüche gegen deren anderweitige Verleihung erhoben hätten. In der Erbverbrüderung der Wittelsbachischen Brüder, sowie in der kaiserlichen Bestätigung erklären zwar Markgraf Ludwig und der Kaiser, „daß alle Verbundtnuß, Ordnung oder Machungen, die an disen Sachen schädlich wären, sie seien mit oder ohne des Kaisers Wissen gemacht worden, ab sein und widerrufen sein sollen;" [12]) aber ein einseitiger Rücktritt oder Widerruf von Seiten der einen Partei oder des Kaisers hätte die frühere vom Kaiser bestätigte Erbverbrüderung nicht ungiltig machen können. Die Belehnung zur gesammten Hand, welche in dieser Zeit das Recht erzeugende Moment in der Erbverbrüderung bildete, nahm die Gesammthänder eigentlich zu gleichem Rechte in den Lehnsverband auf, der Lehnsherr aber konnte in keiner Weise willkürlich und einseitig den Lehnsverband aufheben. Hiernach scheint uns die Wahrscheinlichkeit dafür zu sprechen, daß Markgraf Friederich von Meißen zu der Aufhebung der Erbverbrüderung seine Zustimmung gegeben habe und daß die gegenseitige Lehnsverbindung zwischen Meißen und Brandenburg, sei es stillschweigend, sei es in Folge einer förmlichen Aufhebung, gelöst wurde. Jedoch haben wir darüber irgend eine Nachricht nicht finden können.

In dem kaiserlichen Schreiben von 1329 wird aber weiterhin Markgraf Friedrich aufgefordert, keinen Vertrag mit dem Landgrafen von Hessen zu schließen, der eine Verfügung über Thüringen enthalte, sondern auch dieses Land in die Erbverbrüderung mit Brandenburg

---

12) Die Erbverbrüderung vom 14. Juni 1334 bei Riedel a. a. O. Abth. II. Bd. II. p. 86. Kaiserliche Bestätigung 23. Juni 1334 a. a. O. p. 89. Vgl. auch Estor kleine Schriften (1761) Bd. I. p. 261.

aufzunehmen. Ob wirklich solche Verhandlungen zwischen dem Markgrafen und den Landgrafen von Hessen über den Abschluß einer Erbverbrüderung geführt worden, wie weit sie gediehen waren, darüber liegt uns keine Kunde vor; jedenfalls aber konnte ohne kaiserliche Bestätigung eine Erbverbrüderung nicht zu Stande kommen, wie wir später ausführlicher darthun werden. Auch deutet nichts darauf hin, daß die Fürsten trotz der kaiserlichen Einsprache auf ihrem Vorsatze beharrt hätten.

Erst vier und vierzig Jahre nach diesem Versuche im Jahre 1373 nahm die berühmte Erbverbrüderung zwischen den Häusern Wettin und Hessen, die in wesentlich unveränderter Form noch heute fortdauert, ihren Ursprung. Ihre Veranlassung, soweit sich dieselbe aus den Quellen erkennen läßt, war folgende: Nachdem im Jahre 1366 der einzige Sohn des Landgrafen Heinrichs von Hessen, Otto der Schütz, gestorben war, bestand der Mannesstamm des hessischen Hauses nur aus dem alten Landgrafen Heinrich und seinem Neffen Hermann, dem Sohne seines schon früher verstorbenen Bruders Ludwig. Hermann war schon frühe dem geistlichen Stand bestimmt worden und hatte, nachdem er seine Studien in Prag vollendet, schon die Nachfolge auf den erzbischöflichen Stuhl zu Magdeburg zugesichert bekommen, wenn wir einer freilich nicht sehr zuverlässigen spätern Quelle Glauben schenken dürfen.[13]) Der alte Landgraf war ihm abgeneigt[14]) und suchte ihm die Nachfolge zu entziehen und diese dem Sohne seiner Tochter, dem Herzoge Otto von Braunschweig, genannt der Quade, zuzuwenden. Herzog Otto konnte in der That gewichtige Ansprüche auf die Erbschaft geltend machen, da der größte Theil der hessischen

---

13) Chronika und altes Herkommen ap. Senkenberg Selecta Juris et hist. II. p. 350.

14) Hist. de Lantgraviis ap. Pistorius Script. Rer. Germ. I. p. 1351: Lantgravius Hassiae qui non habuit heredem nisi filium fratris non multum dilectum.

Besitzungen nicht Lehen, sondern Allodialgut[15]) war, Otto aber als der Sohn der Tochter nach landrechtlicher Erbfolge dem Sohne des Bruders vorging.[16]) Jedoch scheint Otto der Quabe die Gunst seines Großvaters verloren zu haben und schon 1367 finden wir Hermann aus dem geistlichen Stande getreten, vermählt und in Verkehr mit dem Landgrafen Heinrich[17]) Hermann wurde von seinem Oheim in die Gemeinschaft des Besitzes und der Regierung aufgenommen.[18]) Otto von Braunschweig aber suchte seine Ansprüche mit Gewalt noch vor dem Tode des alten Landgrafen zur Anerkennung zu bringen; er stiftete den Bund der Sterner mit Herrn und Rittern aus ganz Mitteldeutschland. Mit einem Heere, das aus mehr als 2000 Rittern bestanden haben soll, fiel er verwüstend in das Land der Landgrafen ein, unterstützt von hessischen Rittern und Vasallen. Die Landgrafen wurden hart bedrängt und als sie bei der Belagerung der Burg Herzfeld großen Schaden erlitten hatten, wandten sie sich an den Markgrafen Balthasar von Meißen um Hülfe, der sich damals, wie gemeldet wird, außerhalb seines Landes befand. Die Hülfe wurde geleistet, und hieran knüpften sich die Verhandlungen über die Gründung einer

---

15) Bis zum Jahre 1373 trugen die Landgrafen nur Eschwege und das Schloß Boyneberg von dem Reiche zu Lehen, mit denen Heinrich das Kind 1292 von Adolph von Nassau belehnt worden war. Die übrigen Besitzungen waren meist allobiales Gut. Vgl. Estor Orig. Juris publici Hass. (1738) p. 63.

16) Schmincke historische Untersuchung von Otto des Schützen Begebenheiten am Clevischen Hofe (1746) p. 30. u. f. will eine Verzichtleistung der Mutter Ottos des Quaben, Elisabeth, in dem Familienvertrag von 1336 finden. Ihm folgt Horn (a. a. O. p. 97). Aber jener Vertrag wurde blos unter den Brüdern geschlossen und bezog sich nur auf die Lebenszeit des Landgrafen Heinrich (Estor Origines p. 173).

17) Landgraf Heinrich befiehlt der Stadt Gießen der Gemahlin seines Neffen, des Landgrafen Hermann, der Johanna von Nassau, nach Witthums Recht gewärtig zu sein. Montag nach Reminiscere 1367, bei Kuchenbecker Analecta Hass. Coll. V. p. 273. Huldigungen der Städte u. s. w., welche zu Witthum der Frauen bestimmt waren, finden sich nicht selten; z. B. Guden Codex Diplom. V. p. 426. 451.

18) Gemeinschaftliche von Heinrich und Hermann ausgestellte Urkunden von 1371. 1372 bei Kuchenbecker Anal. II. p. 252 V. p. 42. Vgl. auch Ayrmann hessische Historie p. 266.

Erbverbrüderung.[19]) Während der Pfingsttage kamen die Markgrafen Friedrich, Balthasar und Wilhelm von Meißen und Thüringen, die in Folge des Vertrags von 1356 ihre Lande in ungetheiltem Besitz hatten,[20]) und die hessischen Landgrafen Heinrich und Hermann in Eschwege zusammen und schlossen den 9. Juni die Erbverbrüderung ab. Die Gründe, welche beide Parteien zum Abschlusse bewogen, sind leicht zu erkennen. Die hessischen Landgrafen wollten vor Allem gegenwärtige Hülfe und eine Schutzwehr, welche für alle Zeiten gegen jeglichen Anspruch der von weiblicher Linie stammenden Prätendenten schirmen sollte. Da das hessische Haus aber nur auf vier Augen stand, so war der Fall des Aussterbens der männlichen Linie ins Auge zu fassen und selbst wenn die Nachfolge des Weibsstamms in die Lehen nicht unmittelbar möglich war, so stand doch zu befürchten, daß der Kaiser in solchem Falle die Lehen dem nächsten Blutsverwandten von weiblicher Seite übertragen werde. Durch eine Erbverbrüderung mit dem verwandten Wettinischen Hause war diese Eventualität vorgesehen. Ausdrücklich mußten noch die Meißnischen Markgrafen in der Erbverbrüderung geloben, daß „sie oder ire Erben nymmer gestattenn sollen mit irem Willen in kein Weiß, daß das ehegenant Fürstenthumb vnnd Herr-

---

19) Die Nachrichten über die Sterner Fehde sind sehr verworren. Die Hauptquelle, aus der die meisten der spätern Darstellungen geschöpft zu sein scheinen, ist die Historia de Lantgraviis ap. Pistorius a. a. O. p. 1351. Auch der Erzählung Rothes (a. a. O. p. 620), die einzelne nähere Angaben über die ganze Fehde und über den Abschluß der Erbverbrüderung enthält, die aber in Widerspruch mit den Angaben der angeführten Historia stehen, ist keine Glaubwürdigkeit zuzusprechen, da die ganze Darstellung von Fehlern und chronologischer Verwirrung angefüllt ist. Noch geringeres Vertrauen verdienen natürlich die ausgeschmückten Erzählungen Gerstenbergers in seiner hessisch-büringischen Chronik (Schmincke Monum. Hass. II. p. 295) und seiner Frankenbergischen Chronik (Kuchenbecker Anal Hass. Coll. V. p. 204) und anderer Schriftsteller des 15. und 16. Jahrhunderts. Die Darstellung der Sterner Fehde in Spangenberg „Neues vaterländisches Archiv" Lüneburg 1828 Bd. I. p. 88 beruht auf Gerstenberger und einer hessischen Reimchronik aus der zweiten Hälfte des 16. Jahrhunderts (Kuchenbecker VI. p. 280) und wimmelt von den ärgsten Mißverständnissen und Fehlern.

20) J. G. Horn Geschichte Friedrich des Streitbaren p. 104.

schaft ober alles das das zu unnserm Fürstenthumb zu Hessen gehöret, nicht kommen solle an Herzog Otten von Braunschweig noch an seine Erben."[21]) —

Die Erbverbrüderungsurkunde nimmt ihrem Wortlaute nach keine Rücksicht darauf, daß die Thüringisch-Meißnischen Lande und ein Theil der hessischen Besitzungen Reichslehen waren. Ohne nur des Kaisers und Reichs Erwähnung zu thun, schließen beide Häuser einen Erbvertrag, als handele es sich hier nur um Allodialgut. Daß zur Giltigkeit einer Erbverbrüderung über Reichslehen eine Gesammtbelehnung durch den Kaiser nothwendig sei, wird ganz außer Acht gelassen. Der Vertrag ist in seinem Hauptpunkte darauf gerichtet, daß, im Falle ein Haus in dem Mannsstamm aussterben solle, das andere Haus alle Fürstenthümer, Herrschaften mit Land und Leuten „die Wir izund bereit haben oder noch gewynnen oder erkriegen mögen, in aller der Maß als vorgeschriben stet," erben solle. Beide Partheien versprechen für den Fall der Erbfolge die Rechte und Gewohnheiten der Unterthanen unangetastet zu lassen, sowie die Verpfändungen, welche vorgenommen worden, unverrückt und gänzlich zu halten. Die „Herrschaften und Mannschaften, es sein Graven, Hern, Freien, Dienstmanne, Ritter, Knecht, Burgmanne, Bürgern und gemeiniche Burge, Stedte, Lannde und Leuthe" sowie alle Amtleute sollen der andern Parthei eine rechte Erbhuldigung thun und über diese Erbhuldigung sollen von beiden Seiten Briefe zur Kundschaft und Sicherheit gegeben werden.

Das lockere Band, durch welches die Lehnsverfassung die einzelnen Fürsten noch mit Kaiser und Reich verknüpfte, wird also völlig ignorirt und wohl ist diese Erbverbrüderung die älteste, in der so völlig jede Rücksicht auf das Lehnrecht und den gemeinsamen Besitz der beiderseitigen Lehen, durch den nach der Strenge des alten Rechts die Wirksamkeit der Erbverbrüderung allein möglich gewesen wäre, bei

---

21) Die Urkunde der Erbverbrüderung ist häufig gedruckt, z. B. in Müllers Reichstagstheatrum Maximiliani I. Bd. I. p. 566.

Seite gesetzt wird. Sowohl in der erneuerten Erbverbrüderung zwischen Böhmen und Oestreich aus dem Jahre 1366 wie in den Erbverbrüderungen der Grafen von Henneberg von 1365 und der Markgrafen von Baden 1356 finden sich Ausdrücke, welche wenigstens den Schein eines gemeinschaftlichen Besitzes wahren.[22]) Davon aber, daß in unserer Erbverbrüderung ein sogleich wirksames und gegenwärtiges Recht an dem Vermögen selbst eingeräumt worden wäre, oder daß die gegenseitige Ertheilung von Nutz, Gewalt und Gewer an den beiderseitigen Besitzungen der Punkt gewesen sei, worauf die juristische Haltung des Geschäfts beruht habe, wie Beseler behauptet, findet sich keine Spur.[23])

Dagegen scheint es nicht unwahrscheinlich, daß wenigstens von hessischer Seite die Zustimmung der Landstände, die in Hessen schon um die Mitte des 14. Jahrhunderts urkundlich auftreten,[24]) eingeholt worden ist. Die Landgrafen schließen den Vertrag „mit volbedachtem Mute vnd gutem Vorrathe vnnsers Rats, Manne vnnd Diener."

Wie weit die Fürsten und ihre Räthe glaubten, daß diese Erbverbrüderung auch ohne kaiserliche Confirmation rechtsgiltig sei, ist nicht zu ersehen; aber um die Erbhuldigung durch die Unterthanen

---

22) Böhmisch-Oestreichische Erbverbrüderung 1366 (bei Lünig Reichsarchiv Pars Specialis. Continuatio I. S. 56): daß ywweder Theil des andern Landt und Herrschaften in der Weiß und Geschichte als davor begriffen ist, wol für die seine haben, nennen unnd schützen mag unnd wir auch derselben Lande beiden Seiten gemaine, verainte und ungesunderte Besitzer sein. — Das wir — bey ein ander als ein Person, das ist als gleiche Besitzer gemainer Lande bleiben. — Hennebergische Erbverbrüderung 1365 (bei Senckenberg Meditationes III. p. 594): daß wir all unser Erb und Gut — besammen werffen, machen vnd geben vnser jeglicher dem andern vnd setzen vnser jeglicher dem andern ein in nützlich leiblich Gewer vnd all die Güter." —

23) Beseler die Erbverträge Bd. I. p. 238 p. 234. Vgl. auch Duncker das Gesammteigenthum p. 138 und ff.

24) Pfeiffer Geschichte der Landstände in Hessen. p. 17. Ein Ausschreiben zu einem Landtag nach Marburg auf Montag nach dem ersten Sonntag in den Fasten 1372 erwähnt Rommel Hessische Geschichte Bd. II. Anmerkungen p. 141.

leisten zu lassen, wurde eine Confirmation nicht abgewartet. Schon den Tag nach Abschluß des Vertrags, am 10. Juni, leisten Bürgermeister, Rath und die ganze Gemeinde der Stadt Eschwege den Markgrafen von Meißen für den betreffenden Fall Huldigung.[25]) Doch scheint den Fürsten jetzt ein Bedenken wegen der Nothwendigkeit der kaiserlichen Confirmation, und daß ohne dieselbe der Vertrag kraftlos sei, aufgestiegen zu sein; wenigstens scheint Eschwege der einzige Ort geblieben zu sein, der vor der kaiserlichen Bestätigung zur Erbhuldigung angehalten worden ist. Erst nachdem der Kaiser Karl IV. den Vertrag gegen Ende des Jahres 1373 confirmirt, folgen die übrigen Städte: Rotenburg, Kassel, Nydenstein, Marburg, Kirchhayn u. a. m.[26]) mit der Huldigung nach.

Die kaiserliche Bestätigung und Belehnung zur gesammten Hand konnte aber auch dem Vertrage nur soweit Giltigkeit geben, als es sich um Lehen handelte. Da aber der größte Theil der hessischen Besitzungen noch Allobialgüter waren, so blieben durch die Erbverbrüderung die Rechte Otto's von Braunschweig unangetastet, und wenn es den hessischen Landgrafen auch jetzt mit meißnischer Hilfe gelingen sollte, ihn zurückzudrängen, so lag doch die Gefahr nahe, daß er bei der ersten günstigen Gelegenheit seine gerechtfertigten Ansprüche wieder mit Waffengewalt geltend zu machen suchen werde. Die Landgrafen beschlossen deßhalb, dem Kaiser ihre Allobialgüter aufzutragen, um sie von ihm als Lehen wieder zu empfangen. Otto war dann von der Nachfolge völlig ausgeschlossen und jedes Rechts beraubt. Landgraf Hermann und Markgraf Wilhelm von Meißen zogen gegen Ende des Jahres nach Prag an den kaiserlichen Hof, um dort die Belehnung und kaiserliche Bestätigung zu empfangen.

Am 6. Dezember wurde Landgraf Hermann für sich und seinen Oheim von dem Kaiser mit der Landgrafschaft Hessen belehnt[27]) und

---
25) Originalurkunde im Dresdner Staatsarchiv, S. Anhang I.
26) Die Originalurk. im Dresdner St.-Archiv.
27) Die Urkunde auszugsweise bei Ledderhose Kl. Schriften Bd. III. S. 50 (1789).

wenige Tage später (13. Dezember) erfolgte die Bestätigung der Erbverbrüderung.²⁸) Aber sehr abweichend von der Form des Vertrags, wie er unter den Partheien geschlossen worden, hält sich der Kaiser noch strenge an das alte Recht. Er kennt eine Erbverbrüderung nur in den Formen der Belehnung zur gesammten Hand und verlangt, wenigstens dem Wortlaut nach, daß beide Partheien in ungetheilten Besitz der beiderseitigen Güter sich setzen und bleiben sollen. Er leiht deßhalb mit der Fahne: „den Lantgrafen von Hessen die Markgrafschaft zu Meißen, die Lantgrafschaft zu Doringen mit iren fürstlichen Eren, Rechten vnd Wirden, Gravesschafften, Herschafften, Landen, Mannschafften, Lehen, geistlichen vnd werltlichen, Steten, Vesten, Burgen, Luten, Gütern vnd Zugehörungen, nichts vßgenommen, als rechten, natürlichen vnd gleichen Mitgeerben, Gemeynern vnd Fürsten, Marggraven zu Meißen vnd Lantgraven zu Doringen."²⁹) Der Kaiser bestimmt ferner, daß die Fürsten „auch an ytweder Seiten die Wapen, Ingesiegel vnd Banyr zu einem ewigen Orkunde solcher rechten Mit-Erbschaft vnd Gemeynschaft, in Schympf, Ernst vnd an allen Sachen, Enden vnd Steten füren, tragen, sich davon schreiben, nennen vnd der auch offentlichen gebrauchen sollen vnd mogen in aller der maßen als ob iglicher Teyl vnter yn zu des andern Fürstenthumen u. s. w. — von rechter natürlicher vnd erblicher Geburth vnd von veterlichem Gesippe darzu weren geboren." ³⁰)

Freilich sollten diese Symbole eines gemeinschaftlichen Besitzes eben nur Formen ohne weitern Inhalt bleiben und selbst als Formen wurden sie in Wirklichkeit von den erbverbrüderten Fürsten nicht angewandt. Die eigentliche Wirksamkeit der Erbverbrüderung sollte auch

---

28) Müller Reichstagstheatrum I. p. 588.
29) Mit benselben Worten werden die meißnischen Markgrafen mit der Landgrafschaft Hessen belehnt.
30) Diese Stelle beweist übrigens auch, baß die Fiktion eines gemeinschaftlichen Stammvaters der Erbverbrüderung nicht gar so fern lag, wie Beseler (Erbverträge Bd. I. p. 238) meint.

der kaiserlichen Belehnung zufolge erst hervortreten, wenn eine Parthei ohne rechte Mannes Leibeslehnserben ausstürbe, dann sollten die sämmtlichen Güter „off ire rechte natürliche Mitgeerben, Gemeynern vnd vngesunderte Brüdere erblichen vnd ewiglichen gefallen." Um jeden Anspruch des Weibsstammes, der durch die Lehnauftragung der bis dahin allobialen hessischen Besitzungen sowie durch die Erbverbrüberung seiner Rechte beraubt worden war, für immer zurückzuweisen, erklärt der Kaiser noch ausdrücklich: „ob in bißen obgeschrieben Sachen rechtvertige Ordnungen des Rechten nicht vollkomenlichen gehalten weren, alle solche vnd auch andere Gebrechen, wy man die benennen mag, erfüllen wir von kayserlicher Majestät Vollkommenheit vnd von rechten Wissen und Kraft bises vnsers kayserlichen Brives."[31]

Derjenige aber, der in irgend einer Weise gegen diese kaiserliche Handveste etwas unternehme, solle „als oft als das geschiet, tusent Margk lötiges Gold halb in vnser oder vnsern Nachkommen an dem Reiche Camern vnd halb den wyder by das gethan würde, vnwiderruflichen verfallen sein." —

Nachdem die kaiserliche Gesammtbelehnung und Bestätigung erlangt war, erfolgte die Erbhuldigung der hessischen Vasallen und Städte

---

31) Meurer Nachfolge in Stamm- und Lehngüter § 48 (1781) glaubt: „diese Quasicobicilarclausel sei in der geheimen Besorgniß hinzu gefügt worden, daß diese Erbverbrüberung wohl einmal aus dem Grunde angefochten werden möge, weil ohne wahre besitzliche Gemeinschaft keine Lehnsuccession bei der Belehnung zur gesammten Hand stattfinde." — Da aber schon in den oben angeführten Stellen die Fiction eines gemeinschaftlichen Besitzes in den stärksten Ausdrücken hervorgehoben wird, so scheint diese Erklärung sich vielmehr darauf zu beziehen, daß die Lehnsauftragung der hessischen Güter, die ja die Voraussetzung der Gesammtbelehnung bildete, nach älterm Rechte erst dann gesichert war, wenn der künftige Lehnsherr, also der Kaiser diese Güter Jahr und Tag besessen und eine rechte Gewere erworben hatte. Hierdurch erst wurden die Ansprüche der Erben an dem aufgetragnen Grundstücke vernichtet. (Sachsenspiegel I. 34 § 2: Svelk man sin gut gift und dat weder to lene untweit, dem Herren hilpt de gave nicht, he ne behalde dat gut in sinen lediklifen geweren jar und dach.) Auch noch in spätern Zeiten wurde diese Vorschrift beobachtet; so z. B. Urkunde von 1418 bei Schannat Fuldischer Lehnhof (1726) Codex probat. n. 122. —

an die Markgrafen und die der meißnischen und thüringischen an die Landgrafen.³²) Im folgenden Jahre 1374 zogen die Markgrafen von Meißen den Landgrafen mit einem großen Heere zu Hülfe.³³) Diesen vereinigten Kräften konnten Otto und der Bund der Sterner nicht Widerstand leisten und bald war der ganze Bund aufgelöst, so daß sich seine Mitglieder schämten, Theilnehmer gewesen zu sein.³⁴) Herzog Otto mußte allen seinen Ansprüchen feierlich entsagen und ebenso mußte seine Mutter, Elisabeth, eine eigene Verzichtsurkunde ausstellen.³⁵) Jedoch weder die kaiserliche Belehnung noch die Verzichtleistung des Weibsstammes hätten genügt, um die Erbverbrüderung völlig wirksam und rechtsgiltig zu machen. Die Gesammtbelehnung und Bestätigung der Erbverbrüderung mußte auch von den Fürsten erlangt werden, von denen Hessen oder Meißen Güter zu Lehen trugen. In dieser Beziehung war vor Allem wichtig der Kurfürst von Mainz, von dem die Landgrafen von Hessen sehr beträchtliche Städte, wie Frankenberg, Grimmenberg, Melsungen u. a., sowie viele Vogteien über Klöster und Gerichte zu Lehen trugen. Doch finden wir erst in dem Jahre 1378 die Bestätigung des Erzbischofs Ludwig von Mainz, der die Markgrafen von Meißen mit allen Lehen, die die Landgrafen von Hessen von dem Stifte zu Mainz tragen, gemäß der Erbverbrüderung belehnt.³⁶) Jedoch scheint die Giltigkeit dieser Belehnung später be-

---

32) Urkunden über die Erbhuldigung von Dresden, Freyberg, Leipzig, Gotha u. s. w. erwähnt Estor Orig. Juris. Pub. Hass. p. 205.

33) Eine Aufzählung der Ritter, die sich in ihrem Heere befanden, in dem Archiv für sächsische Geschichte. 1865 Bd. III. p. 134.

34) „Ita confuderunt eos quod illi, qui fuerant in ea societate, verecundabantur fuisse de illis" Anonymi Historia de Lantgr. ap. Pistor. I. p. 1351.

35) Die Entsagungsurkunde des Herzogs Otto vom 12. Juli 1375 bei Schmincke Monumenta Hass. Bd. III. p. 114: Wir Otto — bekennen öffentlich — daß Wir gruntliche vnd ewiglich gerichtet vnd gesunt sin mit den Hochgebornen Fursten — umb alle ansprache, by wir zu en abbir zu erme Lande bisher gehat habe. — Die Verzichtsurkunde der Herzogin Elisabeth vom Montage nach Peter und Paul (3. Juli) 1375 bei Schmincke Untersuchung über Otto des Schützen Begebenheiten u. s. w. Beilage IV.

36) Salza 25. Mai 1378 Org. Urk. des Dresd. St. Arch. S. Anhang II.

stritten worden zu sein. Ludwig, der ein Bruder der meißnischen Markgrafen war, war zwar von Papst Gregor XI. und dem Kaiser als Erzbischof von Mainz anerkannt worden, aber er konnte sich nur mit großer Mühe und vielen Kämpfen gegen den von der Gegenpartei erwählten Erzbischof Adolph von Nassau halten.[37]) Ob die von ihm gegebene Gesammtbelehnung nach seinem Tode (1382) von dem Erzbischof Adolph anerkannt worden ist, wissen wir nicht. Protestationen und Verwahrungen der Mainzer Erzbischöfe gegen die aus der Erbverbrüderung herzuleitenden Ansprüche Sachsens auf Mainzische Lehen finden sich in späterer Zeit öfters; so 1521 und 1548. —

Obgleich mit der Erbverbrüderung zugleich ein gegenseitiges Schutz- und Trutzbündniß zwischen den hessischen und meißnischen Fürsten abgeschlossen worden war („Wir haben uns verbrüdert vnnd vereinet — also daß vnser einer dem andern getreulich behülffen sein sollen mit allen vnnsern Landen vnnd Leuten"), so hinderte dieß doch nicht, daß Markgraf Balthasar, der nach dem Oerterungsvertrage der drei Brüder in dem Jahre 1379 Thüringen erhalten hatte,[38]) in ein gegen Hermann von Hessen[39]) gerichtetes Bündniß mit dem Erzbischof von Mainz und dem Herzoge Otto von Braunschweig sich einließ.[40]) In Folge davon entspann sich eine heftige, wechselvolle Fehde, die erst im Jahre 1392 ihr Ende erreichte. Markgraf Balthasar und Landgraf Hermann kamen den 11. Juli 1392 in Treffurt zusammen, verabredeten eine Vermählung ihrer Kinder und erklärten die Erbverbrüderung von 1373 für unverletzt und fernerhin rechtsgiltig.[41]) Zugleich

---

37) Vgl. G. Ch. Joannes Rer. Mogunt. Liber I. p. 684 u. ff. (1722.)
38) Die Urkunde in Lünigs Reichsarchiv Pars Spec. cont. II. p. 191. Vgl. Weiße Sächs. Geschichte Bd. II. p. 104 u. ff.
39) Landgraf Heinrich war 1377 gestorben.
40) Guden Codex Diplom. Bd. III. p. 559. Vgl. auch Rommel Hessische Geschichte Bd. II. S. 213.
41) Urkunde bei Müller Reichstagsth. I. p. 568. Als eigentliche Erneuerung der Erbverbrüderung, welche viele darin haben finden wollen (z. B. Müller a. a. O. Rommel a. a. O. p. 228 u. A.), kann dieser Vertrag nicht angesehen werden. Die

warb bestimmt, daß die Städte Robenberg, Rybenstein, Melsungen, welche Markgraf Balthasar erobert hatte, und die dem Landgrafen wieder zurückgegeben wurden, von neuem den Markgrafen von Meißen eine Huldigung wegen der Erbverbrüderung leisten sollen.⁴²) —

Die erste wirkliche Erneuerung der Erbverbrüderung fand statt im Jahre 1431⁴³) zwischen Friedrich dem Sanftmüthigen (dessen Vater Friedrich der Streitbare 1422 mit dem Churfürstenthum Sachsen belehnt worden war), seinen Brüdern Sigismund, Heinrich und Wilhelm und Friedrich dem Friedfertigen (er war der Vetter des Vaters Friederichs des Sanftmüthigen) einer Seits und dem Landgrafen Ludwig von Hessen anderer Seits. Die Veranlassung mag wohl darin gelegen haben, daß eine Bestimmung über das Churfürstenthum Sachsen und die Churwürde für nöthig erachtet wurde. Ferner aber war von dem männlichen Stamme der Landgrafen von Hessen der unvermählte, wenn auch noch junge Landgraf Ludwig (er war damals 29 Jahre alt) allein noch am Leben. Zu Rotenburg an der Fulda kamen am 22. Oktober (S. Severus) die Fürsten zusammen und verabredeten neben der Erneuerung der Erbverbrüderung eine Vermählung des Landgrafen mit der Schwester des Churfürsten, Anna,⁴⁴) die aber erst 1436 vollzogen

---

Fürsten erklären nur: daß vnser beyder Bruderschaft, Eynunge, vnd Verbuntniße, dy Wir zusamen haben, als das dy Brieve vßwiesen, die darüber gegeben sind, by ganzen Krefften vnd Rechten blibin vnd in bheyn Wys verbrochen werdin sullin ane allerley Argelist vnd Geverde.

42) „Vnd zcu Stund, als Wir yn (den Landgrafen) byselbe Sloße (Robenberg u. s. w.) antworten, so sullin alle Burgmannen vnd Bürgere derselben Sloßt vns vnd vnserm Erben hulden, globin vnd sweren off dy alden Brieve, die vor mir genannt sint, ane Geverde." — Im Dresdner St. Archiv finden sich die Erbhuldigungsbriefe von Robenberg 27. September 1392 und Rybenstein 29. September 1392.

43) J. S. Müller Annales des chur- und fürstlichen Hauses Sachsen (p. 10) gibt an, eine Erneuerung habe schon 1421 stattgefunden, jedoch scheint dieß auf einer Verwechselung mit der Erneuerung von 1431 zu beruhen, da sich auch in den Urkunden und Akten des Dresb. St. Arch. keine Spur davon findet. Auch J. J Müller Reichstagstheatr. a. a. O. weiß nichts von einer Erneuerung aus dem Jahre 1421.

44) Orig. Urk. im St. Arch. zu Cassel. Vgl. auch Rommel Hess. Geschicht. Bd. II. Anmerkungen S. 204.

wurde. ⁴⁵) — Die Erbverbrüderung selbst wurde mit mehreren neuen Bestimmungen versehen. Was zuerst das Churfürstenthum anbelangt, so konnte dasselbe nicht ohne kaiserliche Genehmigung in die Erbverbrüderung aufgenommen werden. Zwar sollte sich der alte Vertrag von 1373 auch anf alle zukünftigen Erwerbungen erstrecken, und die kaiserliche Confirmation Karls IV. war ebenfalls ausgedehnt auf „alle Fürstenthume, Graveschaften, Herschaften, Lande, Lute, Gütern, vnd Zugehörungen, die sie an beyden Seiten itzvnd haben vnd auch hernach ewiglichen erwerben vnd haben werden, wie man die mit sunderlichen iren Namen benennen mag, nichts vßgenommen." —

Jedoch waren die Fürsten selbst der Ansicht, daß auf ein so wichtiges Reichslehen, wie das Churfürstenthum, dies nicht bezogen werden dürfe, und sie „nahmen aus das Land zu Sachßen, das Wir hinder dem Reiche haben, alßo nicht Macht haben; ydoch sollen vnd wollen Wir bey vnnserm gnedigsten Herrn, bem Römischen König vnd bem Reich ernstlichen sunder alles Geverde bearbeiten vnb getrewlichen versuchen, ob Wir das Land zu Sachßen in dise vnnsere Brüderschafft auch' alßo bringen mögen." ⁴⁶) — Da der unbeerbte Tod des Landgrafen in's Auge gefaßt war, so wurden besondere Bestimmungen zu Gunsten seiner Schwestern festgesetzt, die mit ben Herzögen von Braunschweig-Lüneburg und Braunschweig-Göttingen vermählt waren. Ihnen sollten auf Lebenszeit die Städte und Schlösser Gudensberg und Grebenstein kommenden Falls übergeben werden. Außerdem wurde im Allgemeinen festgesetzt, daß der letzte Fürst aus einem der beiden Häuser befugt sein solle, ein Testament über einen Werth von 10,000 Gulden zu machen, und daß der Fürst, der ihm vermöge der Erbverbrüderung nachfolge barzu helfen und thun solle, daß „das Testament auff das reblichste nach des abgegangen letzten Willen vnd Begerung ausgericht werde." — Doch soll das Testament

---

45) J. S. Müller Annales S. 20.
46) Die Urkunde in Müllers Reichstagstheatr. a. a. O. S. 570.

sich nur auf fahrende Habe beziehen. Ferner sollen Töchter oder Schwestern des letzten Fürsten, die noch nicht vermählt sind, jede mit 24,000 Rheinischen Gulden ausgestattet werden. — Wiederholt wurden die Bestimmungen über die Erbhuldigung der beiderseitigen Unterthanen und über die Anerkennung der Pfandschaften. Neu ist dagegen das Versprechen, das die Fürsten gegenseitig leisten, kommenden Falls die Schulden, welche der verstorbene Fürst an „Vogten, Schössern, Schultheißen, Geleitsleuten und Amtleuten hätte" zu bezahlen. Beschworen wurde die Erbverbrüderung von den Fürsten mit Ausnahme der zu jungen Markgrafen Heinrich und Wilhelm, die aber versprachen, sobald sie das vierzehnte Jahr erreicht hätten, den Schwur nachzuholen. Da diese Erneuerung der Erbverbrüderung keine Bestimmungen enthielt, welche den Vertrag an sich geändert hätten, so war eine neue kaiserliche Bestätigung nicht nothwendig zu ihrer ferneren Giltigkeit und die Erbhuldigung konnte von den beiderseitigen Unterthanen sofort geleistet werden. Eine große Anzahl von Urkunden sind uns erhalten, welche sich auf diese Erbhuldigung beziehen. So Erbhuldigungsbriefe von 31 hessischen Städten [47]); von sächsischen Städten ist uns nur der Huldigungsbrief der Stadt Freiberg bekannt. [48]) Ferner der Brief Churfürsts Friedrich, worin er der Stadt Gotha befiehlt, den Erbhuldigungsbrief zurecht zu machen. [49]) Reversbriefe der sächsischen Fürsten finden sich für die geleistete Erbhuldigung der Stadt Allendorf. [50]) Reversbriefe des Landgrafen Ludwig für die Städte Gotha [51]),

---

[47]) Dresd. St. Arch. datirt vom 22.—31. Oct. 1431.

[48]) Abgedruckt in Sammlung vermischter Nachrichten zur sächsischen Geschichte Bd. X. S. 198.

[49]) Bei Tentzell Historia Goth. Supplem. Bd. II. S. 307. Marburg 25. Oct.

[50]) Bei Senckenberg Selecta Juris et Hist. Bd. V. S. 588. Marburg 25. Oct.

[51]) Bei Tentzell a. a. O. p. 308. 1. November.

Buttelstädt [52]), Dornburg [53]), Freiberg [54]), Getthayn [55]), Gräfenthal [56]), Salfeld [57]) u. a. m.

Zur stärkern Bekräftigung suchte man aber dennoch die nochmalige Confirmation des Kaisers zu erlangen und wenn möglich, die Erlaubniß, das Churfürstenthum mit in die Erbverbrüderung aufzunehmen. Kaiser Sigismund ertheilte zwar die Confirmation [58]) (Ulm 29. Juli 1434), aber trotz der großen Dienste, welche Churfürst Friedrich ihm bei der Bekämpfung der Hussiten geleistet hatte, gab er seine Zustimmung in Betreff des Churfürstenthums nicht, sondern er schloß ausdrücklich das Herzogthum zu Sachsen, auf dem die Churwürde ruhte, von der Erbverbrüderung aus. In der Form unterscheidet sich diese kaiserliche Bestätigung wesentlich von der, welche Karl IV. 1373 ertheilt hatte. Trat damals die Belehnung zur gesammten Hand noch bedeutend in den Vordergrund und erschien das Erbfolgerecht nur als Ausfluß dieser Belehnung, so ist jetzt die Bestätigung des zwischen beiden Partheien geschlossenen Erbverbrüderungsvertrags auch formell die Hauptsache. Der Kaiser verwilligt, bestätigt, befestigt und confirmirt die genannte Brüderschaft. Weiterhin belehnt er die Fürsten auch zur gesammten Hand mit ihren beiderseitigen Fürstenthümern, aber wie diese Belehnung den Schluß der kaiserlichen Urkunde bildet, so ist auch mit keinem Worte angedeutet, daß in der Belehnung zur gesammten Hand die Quelle des gegenseitigen Erbfolgerechts zu suchen sei. Die strengen Vorschriften des Lehenrechts waren in ihrer Anwendung auf die Reichslehen, die in dem Besitze der größern Fürsten waren,

---

52) Bei **Wettens** historische Nachrichten von Weimar Bd. II. S. 196. 3. November.
53) Lünig Reichsarchiv Pars. Spec. Cont. II. S. 1063. 5. Nov.
54) Sammlg. zur sächs. Geschichte Bd. X. p. 195. 11. November.
55) Sammlg. p. 197. 13. November.
56) **Schmincke Monum. Hass.** Bd. III. p. 115. 16. November.
57) Struve Politisches Archiv Bd. II. S. 78.
58) Müller Reichstagsth. p. 591.

schon so sehr in den Hintergrund getreten, daß in der Erbverbrüderung nunmehr nichts anderes gesehen wurde, als ein unter den Partheien abgeschlossener Erbvertrag, zu dessen Giltigkeit freilich die kaiserliche Bestätigung ein nothwendiges Erforderniß war.

Die Erbverbrüderung wurde angesehen als ein kaiserliches Privilegium, das den beiden Häusern ertheilt worden, und als solches finden wir auch die Erneuerung von 1431 in den Bestätigungen der sächsischen Privilegien öfters ausdrücklich erwähnt, so in den Urkunden des Kaisers Friedrich III. von 1442 (24. Juni) und 1456 (1. Februar).⁵⁹)

Die unsichern und verworrnen Zustände im deutschen Reiche hatten im Jahre 1435 die Churfürsten von Sachsen und von Brandenburg veranlaßt, ein enges Schutzbündniß mit einander abzuschließen, eine sog. Erbeinigung, deren Rechte und Pflichten auf die Nachfolger übergehen sollten. Im Jahre 1451 war dieses Bündniß erneuert worden⁶⁰) und bei dieser Gelegenheit mag der Gedanke aufgetaucht sein, einerseits den Landgrafen Ludwig von Hessen in die Erbeinigung mit aufzunehmen, anderer Seits die sächsisch-hessische Erbverbrüderung auf die brandenburgischen Fürsten auszudehnen. Churfürst Friedrich von Sachsen, Churfürst Friedrich II. von Brandenburg und Landgraf Ludwig waren Schwäger⁶¹) und so mögen verwandtschaftliche und politische Interessen sich gegenseitig unterstützt haben. Zu einer Berathung und vorläufigen Beschlußfassung kamen sächsische und brandenburgische Räthe im Jahre 1455 am 9. April zu Neustadt zusammen und verständigten sich dahin, daß die Fürsten der drei Häuser zu Naumburg eine Zusammenkunft halten sollten. Vorläufig kamen sie dahin überein, daß zwischen den drei Häusern eine Erbeinigung und Erbverbrü-

---

59) Müller Reichstagstheatrum I. p. 593. 595.
60) Vgl. J. S. Müller Annales p. 18. 28.
61) Landgraf Ludwig hatte die ältere Schwester des Churfürsten von Sachsen, Anna; der Churfürst von Brandenburg die jüngere, Katharina zur Gemahlin. Vgl. Gundling Leben des Kurfürsten Friedrich II. von Brandenburg S. 450.

berung zu schließen sei; über das Verhältniß, in welchem diese neue Erbverbrüderung zu der alten sächsisch-hessischen stehen solle, wurde noch keine Bestimmung getroffen.⁶²) Jedoch dauerte es noch zwei Jahre, bis diese Fürstenversammlung stattfand. Erst Ende April 1457 kamen die sächsischen, brandenburgischen und hessischen Fürsten zu Naumburg zusammen und schlossen dort am 29. April eine Erbverbrüderung ab, der aber freilich zur Giltigkeit die kaiserliche Genehmigung noch fehlte. Die alte Erbverbrüderung zwischen Sachsen und Hessen blieb aber unverändert, beide Häuser traten als eine Parthei Brandenburg gegenüber, dessen Recht erst zur Wirksamkeit gelangen sollte, wenn Sachsen und Hessen ausgestorben wären. Es wurde in dem Vertrag ausdrücklich festgesetzt: „vnnd sol diese vnnser Brüderschaft vnnd Versamblung die Erbverbrüderschafft vnd Versamblung, die Wir Friedrich vnd Wilhelm Gebrüdere, vnd Wir Landgraf Ludwig für Vnns vnd vnßer Erben fürmals eher diser Verschreibung mit einander gethan habenn nach laut derselben Verschreibunge darin Wir deshalb gegangen sind, nicht irren noch krencken in kein Weiß, sondern dieselb Brüderschafft vnd Verschreibung soll bei irenn Krefften bleiben vnd der, ob es zu Fall queme, nachgegangen werbenn getreulich vnd vffrichtiglich ane Geverde." — Im Falle also Sachsen oder Hessen ausstürbe, sollten die Bestimmungen der zwischen beiden Häusern geschlossnen Erbverbrüderung zur Ausführung kommen, ohne daß Brandenburg einen Anspruch erheben könnte. Für den Fall, daß Brandenburg ausstürbe, während die beiden andern Häuser noch blühten, ist keine Bestimmung

---

62) Abschied der sächsischen und brandenburgischen Räthe. Neustadt 9. April 1455, Orig.-Urk. des Dresb. St.-Arch. In Beziehung auf die Erbverbrüderung heißt es daselbst: vnd ob es zu Falle queme, das ein Parthey on menlichen erben oder derselben Leibeserben on menliche erben vnd also fur vnd fur, von erben zu erben, welcher Partheye keyn menliche Leibeserben vorhanden bliben were, das dann desselbenn tayls, das also wie vorgemeldet ist abgestorbenn were, Furstenthume vnd Herschafft, Sloß, Stete, Lannd vnd Leute an des annbern Tayls menliche Leibßerben erben vnd gevallen sollen." —

darüber getroffen, in welcher Weise die beiden Häuser in die Erbschaft sich theilen sollen. Mit wenigen Modificationen sind die Nebenbestimmungen der sächsisch-hessischen Erbverbrüderung entnommen. Die Summe, über die von dem letzten Fürsten eines Hauses testirt werden darf, soll 12000 Gulden betragen. Ueber Grundstücke, Städte u. f. w. darf zwar testamentarische Verfügung getroffen werden, aber auch nur bis zu dem angegebnen Werthe, und der Nachfolger hat das Recht, „umb solch Summa, die sie also vorgeschriebner Maß darauff zu Testament geschafft ist, wieder abzulösen." — Nach dem Abgange des Mannsstammes sollen Töchter oder Schwestern außer der herkömmlichen Aussteuer Abfindungssummen erhalten und zwar, wenn nur eine Prinzessin vorhanden ist, 20000 Gulden, wenn zwei, jede 10000 Gulden; wenn aber mehrere, „sol man ir igliche außsteuern mit 20000 Gulden vnnd In keiner fürber Besserung schuldig sein." — Offenbar ist in diesen 20000 Gulden Außsteuer die Abfindungssumme mitenthalten. Töchter oder Schwestern, die sich dem geistlichen Stande gewidmet haben, sollen mit einem Leibgedinge von höchstens jährlich 400 Gulden versehen werden.

Der Eingang dieser Erbverbrüderungsurkunde ist in einer Weise abgefaßt, die häufig zu der Meinung Veranlassung gegeben hat, daß die Fürsten schon vorher die Einwilligung des Kaisers Friedrich III. erlangt hätten. Die Fürsten sagen: „daß wir uns — erblich verbrüdert — mit sonderlicher Erlaubniß vnd Gunst des allerdurchlauchtigsten, großmächtigsten Fürsten vnd Herrn Friedrichs, Römischen Kaisers, vnnsers gnebigstenn lieben Herrn." Aber am Schlusse der Urkunde erklären die Fürsten und versprechen sich gegenseitig: „Vnd Wir Fürsten alle obgenant solenn vnd wollenn vnder einander darzu getreulich beholfenn vnnd fürderlich sin, daß diese vnnser Brüderschafft vnd Samelung erst vnd letzt bestettigt werdenn von vnßerm allergnedigsten Herrn, bem Kaiser vnnd von izlichenn Fürstenn besondere Bestettigungs-Brieve darüber werden gegeben."

Es geht hieraus unzweifelhaft hervor, daß die kaiserliche Confirmation noch nicht erlangt war. Die Fürsten beschlossen noch zu Naumburg, eine Gesandtschaft an den Kaiser zu schicken, um die Bestätigung zu erwirken. Aber die Bemühungen waren vergebens. Die mögliche Vereinigung so großer und wichtiger Länder in einer Hand erschien dem Kaiser, wie seinen Nachfolgern, zu gefährlich für das Ansehen und die Macht des Kaisers und des österreichischen Hauses. Zwar findet sich ein Entwurf einer kaiserlichen Confirmation vor, der von vielen für eine Copie der wirklich ertheilten Confirmation gehalten worden ist. 63) Daß hier aber keine Copie, sondern nur ein von Seiten der fürstlichen Räthe gemachter Entwurf vorliegt, der den Gesandten an den kaiserlichen Hof mitgegeben worden ist, ist wohl durch folgende Gründe erwiesen: das betreffende Aktenstück ist batirt „Nürnberg Freitags nach Quasimodogeniti 1457", b. h. von demselben Tag, an dem zu Naumburg die Erbverbrüderung zwischen den Fürsten abgeschlossen worden ist. Dieser Umstand würde allein hinreichen, die Annahme, das Aktenstück sei eine Copie, zu widerlegen. Ferner aber befand sich Kaiser Friedrich III. um diese Zeit gar nicht zu Nürnberg, sondern zu Neustadt in Oestreich. 64) Schließlich sei noch erwähnt, daß auf dem Exemplar dieses Entwurfs, das für die chursächsischen Gesandten bestimmt war, sich noch folgende Bemerkungen finden: „Die Gesandten bitten den Kaiser des Bedenkens halber, daß dereinst die Fürstenthümer in einer Person vereinigt würden, was eine Unbequemlichkeit sein könnte, mit iren Herrn sich zu vernehmen." 65) Daß aber auch spä-

---

63) So von Lünig Reichsarchiv Pars. Sp. Cont. II. S. 743. (Hier ist auch der betreffende Entwurf abgedruckt); Rommel Hessische Geschichte Bd. II. Anmerkungen S. 221. Weber Lehrbuch des Lehenrechts Bd. IV. p. 541. Laucizolle Geschichte der Bildung des Preußischen Staats Bd. II. p. 634 („die Confirmation ist, wenn gleich nicht ohne Schwierigkeit ausgewirkt worden"). Droysen Geschichte der Preußischen Politik Bd. II. Abth. I. S. 190 und viele Andere.
64) S. Chmel Regesten Kaiser Friedrich IV. Bd. II.
65) Dresd. St.-Archiv. Aktenfascikel, die Erbverbrüderung zwischen Sachsen, Brandenburg und Heßen betreffend. 1457—1575 Fol. 11.

terhin die kaiserliche Confirmation nicht ertheilt worden ist, läßt sich mit größter Sicherheit behaupten. Schon einige Jahre nach dem Naumburger Tage von 1457 starb Churfürst Friedrich der Sanftmüthige von Sachsen (1464) und der Kaiser ertheilte seinem Nachfolger, Churfürsten Ernst, eine neue Confirmation seiner Lehen und Gerechtsamen. In dieser Confirmation wird die Erbverbrüderung mit Hessen ausdrücklich bestätigt und Kurfürst Ernst zur gesammten Hand mit Hessen belehnt; die Erbverbrüderung mit Brandenburg dagegen wird mit keinem Worte erwähnt. [66]) Dies wäre doch völlig unerklärlich, wenn die sächsisch-brandenburgisch-hessische Erbverbrüderung die kaiserliche Genehmigung erhalten hätte und rechtsgiltig geworden wäre. — Als im Anfange des nächsten Jahrhunderts zwischen den drei Häusern Sachsen, Brandenburg und Hessen von neuem Verhandlungen über die Gründung einer Erbverbrüderung gepflogen wurden, waren die Fürsten im Ungewissen, ob eine Bestätigung der Erbverbrüderung von 1457 durch den Kaiser vorhanden sei oder nicht. Deßhalb wurde auf einer Zusammenkunft der Fürsten zu Zeitz im Jahre 1537 der Beschluß gefaßt, jeder Fürst solle nachforschen lassen nach der Bestätigungsurkunde Kaiser Friedrich III., „nachdem uns allen von solcher alten Erbverbrüderung, auch Kaiser Friedrichs Bestätigung nichts bewust gewest; zu dem das wir uns auch der Originalia beider Brieffe, wo dieselben liegen oder seyn mögen, nicht haben zu erinnern wissen." [67]) Bald darauf meldet Herzog Georg dem Churfürsten von Sachsen, er habe die eifrigsten Nachforschungen, besonders in Leipzig, anstellen lassen, aber es sei nichts gefunden worden. [68]) Man war in Folge davon

---

66) Dresb. St.-Arch. (datirt Neustadt Samstag nach S. Johannes (28. Juni) 1465). Gleich lautend ist die Confirmation der Lehen und Gerechtsamen für Herzog Wilhelm von Sachsen. d. d. Neustadt-Sonntag nach Michaelis 1465 (30. Septbr.) Orig.-Urk. des Dresb. St.-Arch.

67) Dresb. St.-Arch. Alte Erbverbrüderungs- und Erbeinungshändel 1373—1555 Fol. 346.

68) Dresb. St.-Arch. Erbeinung und Erbverbrüderungssachen 1457—1575 Fol. 207.

schon bei der nächsten Zusammenkunft zu Zerbst (Februar 1538) zu der Ueberzeugung gekommen, daß die fragliche Bestätigung niemals wirklich ausgestellt worden sei, und man faßte den Beschluß, noch nachträglich die kaiserliche Bestätigung nachzusuchen.⁶⁹) Hiernach wird es wohl keinem Zweifel mehr unterliegen, daß die Erbverbrüderung von 1457 von dem Kaiser nicht confirmirt worden ist und in Folge davon auch keine rechtliche Giltigkeit erlangt hat. Zwar wurde die Erbverbrüderung, wie sie in Naumburg festgestellt worden war, von den Fürsten beschworen, theils zu Naumburg selbst, theils einige Monate später.⁷⁰) Hierdurch konnte selbstverständlich der an sich ungiltige Vertrag keine Giltigkeit erhalten. Auch ließ man die Unterthanen die Erbhuldigung nicht leisten, obgleich eine dahingehende Bestimmung in den Vertrag aufgenommen worden war und obgleich im folgenden Jahre (3. März 1458) sächsische und brandenburgische Räthe zu Leipzig eine

---

69) Dresb. St.-Arch. Erbverbrüderungen 1373—1555. Fol. 370. 636. Weitere Nachforschungen nach dem Original der Bestätigungsurkunde von 1457 wurden später noch häufig angestellt, so 1587, 1614, 1664 und ff. Berichte darüber finden sich im Dresb. St.-Arch. Erbverbrüderung u. s. w. 1587, 1588 Fol. 1 und ff. 139, 146, 149 (an letzterer Stelle zeigt namentlich der Stadtrath von Leipzig, bei dem man das Original beponirt geglaubt hatte, an, daß sich bei ihm nichts vorfinde); Erbverbrüderungen u. s. w. 1647—1711 Fol. 101, 140, 156. In einem Gutachten des chursächsischen Geheimen Raths vom Jahre 1703 wird es als zweifellos feststehend angenommen, daß die Erbverbrüderung von 1457 von dem Kaiser nicht bestätigt worden sei. (Dresb. St.-Arch. die Renovation der Erbverbrüderung betreff. 1703 Fol. 40.)

70) Müller Reichstagsth. S. 576. Die Markgrafen Friedrich der Aeltere und der Jüngere beschworen die Erbverbrüderung zu Jüterbogk Montag nach Barbara 1457 (5. Dezember). Dresb. St.-Arch. Erbverbrüderungen 1457—1575 Fol. 14. J. S. Müller in den Sächs. Annales S. 35 meldet, daß die jungen hessischen Landgrafen Ludwig und Heinrich (deren Vater Landgraf Ludwig der Friedsame 1458 gestorben war) im Jahre 1461 am 3. Dezember zu Mühlhausen die 1457 unter den drei Häusern errichtete Erbverbrüderung und Erbeinigung beschworen hätten. Jedoch dies scheint auf einem Irrthum zu beruhen. U. F. Kopp Bruchstücke zur Erläuterung der deutschen Geschichte und Rechte Bd. II. (Cassel 1801) S. 10 erwähnt nur einer Urkunde, die sich abschriftlich im Casseler Archiv befindet, über die Beschwörung der Erbeinigung.

Zusammenkunft hielten, um sich über die Ableistung der Erbhuldigung zu verständigen. ⁷¹)

Durch diesen fehlgeschlagenen Versuch, Brandenburg in die Erbverbrüderung aufzunehmen, blieb aber die alte sächsisch-hessische Erbverbrüderung unangetastet bestehen. Auch finden wir sie in den kaiserlichen Confirmationen der sächsischen sowohl wie der hessischen Lehen und Gerechtsamen ausdrücklich bestätigt. ⁷²) — Die nächste Veranlassung zu einer Erneuerung der sächsisch-hessischen Erbverbrüderung ⁷³) gab die bedeutende Vergrößerung des hessischen Gebietes in Folge der Erwerbung der Grafschaften Katzenellenbogen und Dietz. Landgraf Heinrich von Hessen hatte die Erbtochter Gräfin Anna von Katzenellenbogen geheirathet und nach dem Tode des letzten Grafen von Katzenellenbogen dessen Gebiete in Besitz genommen (1479). Da dieselben neben großen Mainzischen, Kölnischen und andern Lehen auch zu nicht geringem Theile aus Allodialgütern bestanden, so konnte auf diese letztern eigentlich in rechtmäßiger Weise die Erbverbrüderung nur dann ausgedehnt werden, wenn die Töchter der Landgräfin Anna, von denen die eine Elisabeth mit dem Grafen Johann von Nassau, die andere mit Johann II. von Cleve sich vermählte, auf ihre Erbrechte verzichtet hatten. Zwar hatte Elisabeth bei ihrer Vermählung (1482) mit ihrem Gemahl zusammen auf die väterliche und mütterliche Erbschaft Verzicht geleistet; aber dem Landgrafen erschien es doch sicherer, in einer Erneuerung der Erbverbrüderung ausdrücklich dieselbe auf die neu erworbenen Gebiete auszudehnen, und zugleich in irgend einer

---

71) Dresb. St.-Arch. Erbeinigung und Erbverbrüderungen 1431—1555 Fol. 56.

72) Kaiserliche Confirmationen für Sachsen von 1465; für Hessen 1471, Regensburg Freitag nach Jacobi (26. Juli) Dresb. St.-Arch. Erbverbrüderungen 1373 bis 1457 Fol. 23 u. a. m.

73) Carpzov (De Pacto Confraternitatis Saxonico-Hass. Lipsiae 1647) c. I. §. 129 erwähnt eine Erneuerung der Erbverbrüderung aus dem Jahre 1471, ohne jedoch einen Beleg hierfür beizubringen. Da sich sonst keine Spur davon findet, so scheint ein Irrthum vorzuliegen. Vgl. J. J. Müller Reichstagsth. I. p. 576.

Weise der einstigen Erhebung von Ansprüchen durch die Töchter des Landgrafen Heinrichs zuvorzukommen. Zu diesem Zwecke kamen die sächsischen Fürsten, Kurfürst Friedrich und die Herzöge Albrecht und Johann, und die Landgrafen von Hessen, Wilhelm der Aeltere, der Mittlere und der Jüngste (letzterer der Sohn des Landgrafen Heinrichs), in Erfurt zusammen und schlossen am 12. September 1487 einen Receß ab, in welchem sie die alte Erbverbrüderung für erneuert und auf die neuerworbenen Lande ausgedehnt erklärten. Zugleich setzte Landgraf Wilhelm der Jüngere mit Zustimmung der andern Fürsten für den Fall, daß er ohne männliche Leibeserben sterben sollte, jeder seiner Schwestern 50,000 Gulden aus. Aber „diese gütliche Abrede soll sunst in andern Sachen und Fellen der vorgerurten erblichen Bruderschaft kein Verletzung, Irrung, Hinderniß, Eingang oder Abbruch bringen noch thun in kein Weiß, sondern dieselb vnnsere Bruderschaft soll nach allem irem Inhalt vor crefftig und mechtig gehalten werden, sein und pleiben." [74] —

Eine besondere kaiserliche Bestätigung dieser Erneuerung wurde nicht gegeben, aber auch fernerhin findet sich in den kaiserlichen Lehnbriefen und Confirmationen der Privilegien die Erbverbrüderung ausdrücklich hervorgehoben. Von besonderer Wichtigkeit war die Belehnung des Landgrafen von Hessen auf dem Reichstage zu Worms, weil Kaiser Friedrich III. und sein Nachfolger bis dahin mit der Belehnung der aus der Katzenellenbogenischen Erbschaft dem Landgrafen zugefallenen Lehen zurückgehalten hatten. Hierdurch war nun, wenn auch nur indirekt

---

[74] Ueber die katzenellenbogenische Erbschaft und den daran sich knüpfenden langen Rechtsstreit S. Wenck Hessische Landesgeschichte. Bd. I. S. 600 u. ff. Rommel Hessische Geschichte Bd. III. S. 63. Müller Reichstagsth. S. 599. (Der erwähnte Vertrag eben da S. 607). Daß neben dem Vertrag von 1487 in diesem Jahre noch eine besondere Urkunde über die Erneuerung der Erbverbrüderung ausgefertigt worden wäre, ist öfters behauptet worden (z. B. von Rommel a. a. O. Anmerkungen S. 52), jedoch ohne genügende Gründe, auch findet sich die Urkunde oder eine urkundliche Nachricht darüber nicht vor.

die Aufnahme der Katzenellenbogenischen Lehen in die Erbverbrüderung durch den Kaiser bestätigt worden.⁷⁵)

Die Erbhuldigung der beiderseitigen Unterthanen fand in gewohnter Weise statt. Gesandte wurden von beiden Seiten geschickt, um den Huldigungseid in Empfang zu nehmen.⁷⁶) Eine weitere Gelegenheit, eine nochmalige Erbhuldigung der hessischen Lande anzuordnen, bot sich dar, als die sächsischen Fürsten, Kurfürst Friedrich und die Herzöge Georg und Heinrich zu Vormündern des 6jährigen Landgrafen Philipp (des Großmüthigen) ernannt worden waren. Sie wurde um so eifriger von Seite der sächsischen Fürsten ergriffen, als nach dem Tode des Landgrafen Wilhelm des Mittleren 1509 der junge Philipp der einzige männliche Sprosse

---

75) Lehnbriefe Kaiser Maximilians für die Ernestinische Linie 1495 Müller Reichstagstheatr. S. 524; für die Albertinische 1495 a. a. O. S. 526; für Hessen S. 538. Vgl. auch Ranke deutsche Geschichte im Zeitalter der Reformation Bd. I. S. 119; ferner Limnaeus Jus Publ. Additamenta IV. S. 428. Belehrung des Landgrafen von Hessen auf dem Reichstag zu Cöln 31. Juli 1505. (Dresd. St.=Arch. Alte Erbverbrüderungshändel u. s. w. 1373—1555 Fol. 29).

76) Reversbriefe der hessischen Landgrafen für die Ritterschaft und Städte im Lande zu Thüringen und Meißen 12. September 1487. (Orig.=Urkunde des Dresd. St.=Arch.) Huldigungsbriefe der Stadt Gotha 1. November (Rudolphi Gotha Diplomatica (1717) Bd. I. S. 85). Huldigungsbriefe der Stadt Cassel (Dresd. St.=Arch. Erbverbrüderung 1457—1575 Fol. 32) und Hessischer Amtleute (a. a. O. Fol. 34). Vollmacht der hessischen Landgrafen für Gesandte, welche von den Grafen zu Schwarzburg, Honstein und Gleichen die Leistung des Huldigungseides in Empfang nehmen sollten a. a. O. Fol. 35. Bericht des hessischen Gesandten, Peter von Treispach, über die in Thüringen, Meißen, Sachsen und in der Mark Brandenburg empfangene Erbhuldigung aus Anlaß der Erbverbrüderung und der Erbeinigung. (Abschriftlich im Dresd. St.=Arch. Erbverbrüderungen 1457—1575 Fol. 21 u. ff.) In dem Herzogthum Sachsen und in Brandenburg empfängt er nur „die Pflicht der Erbeinung" (in Berlin 4. Dezember a. a. O. Fol. 26). Die Erbeinigung der drei Häuser war ebenfalls im Jahre 1487 erneuert worden auf dem Reichstage zu Nürnberg Mittwoch nach Himmelfahrt (25. Juni). S. Estor Orig. Juris Publ. Hass. S. 212.

Huldigungsbriefe der Städte des Osterlands und Reverse im Archiv der sächsischen Geschichte Bd II. (1785) S. 290 u. ff. Sämmtliche Städte des Osterlands erhielten nur einen Reversbrief von den Landgrafen, der bei dem Leipziger Magistrat niedergelegt wurde.

des hessischen Hauses war, auf ein Aussterben des hessischen Hauses also die Aufmerksamkeit gerichtet war. Die Stadt Cassel, sowie die Ritterschaft und Amtleute von Niederhessen leisteten im Jahre 1510 den Erbhuldigungseid.[77]) Jedoch scheinen der weitern Leistung der Huldigung Schwierigkeiten in den Weg gestellt worden zu sein. Erst im Jahre 1513 schickten die Herzöge Georg und Heinrich Gesandte nach Hessen, um die Huldigung in Empfang zu nehmen.[78])

Sobald Landgraf Philipp volljährig geworden und zur Regierung gelangt war, regte er die Erneuerung der Erbverbrüderung an. Schon 1519 den 10. Dezember (Freitag nach Mariä Empfängniß) schreibt er hierüber an den Kurfürsten Friedrich den Weisen sowie an die Herzöge von Sachsen[79]) und nachdem die sächsischen Fürsten bereitwilligst auf den Vorschlag einer Erneuerung eingegangen waren, kamen im Anfange des folgenden Jahres sächsische und hessische Räthe zu Erfurt zusammen, wo eine Zusammenkunft der Fürsten verabredet wurde.[80]) Dieselbe fand den 29. März (Sonntag nach Jubilate) zu Naumburg statt. Die Erbverbrüderung ward einfach bestätigt; nur über die Ableistung der Huldigung wurden einzelne neue Bestimmungen getroffen. Von jetzt an sollte der Huldigungseid auch geschworen werden von den Beamten, Vasallen und Städten bei jeder Veränderung im Amt, Lehen oder im Rath der Stadt; sowie bei der Aufnahme neuer Bürger von diesen.[81]) — Unter den Fürsten waren aber mancherlei Bedenken über einzelne

---

77) Dresd. St.-Arch. Erbverbrüderung u. s. w. 1373—1555 Fol. 159 u. ff.

78) Or.-Urk. des Dresd. St.-Arch. Vollmacht Herzog Georgs für seinen Geheimen Rath Hans von Wettern. Dresden Sonntag nach Unserer lieben Frauen Geburt (11. September) 1573. Rommel Hessische Geschichte Bd. III. S. 260 gibt an, es sei während der Minderjährigkeit des Landgrafen Philipp zu Mißverständnissen und Streit über die Leistung der Erbhuldigung gekommen. Nähere Angaben oder Belege hierfür haben wir nicht finden können.

79) Das erstere Schreiben im Dresb. St.-Arch. Erbverbrüderung 1431—1555 Fol. 72; das zweite Fol. 85. Der hieran anknüpfende Schriftwechsel Fol. 73 u. ff.

80) a. a. O. Fol. 74.

81) Müller Reichstagsth. I. S. 576.

Punkte der Erbverbrüderung entstanden; vor allem ob es nicht pflicht=
gemäß sei, in dem Satze, der von der gegenseitig zu gewährenden Hilfe
spricht, den Kaiser und Papst auszunehmen. Auch in Betreff der Leistung
der Erbhuldigung sollten noch weitere Bestimmungen getroffen werden.
Man kam deßhalb überein, daß jede Parthey zu einer Conferenz, die
am 25. Juni (Montag nach S. Johannes) zu Mühlhausen stattfinden
solle, drei Räthe schicke. Von Mühlhausen sollten sich die Räthe in
die sächsischen, resp. hessischen Lande begeben, um dort die Leistung der
Erbhuldigung in Empfang zu nehmen.[62]) Von kursächsischer Seite
wurde auf diesem Tage zu Mühlhausen der Entwurf einer Erbver=
brüderung vorgelegt, in welcher die Ausnahme der Hülfeleistung gegen
Kaiser und Papst gemacht war.[63]) Jedoch derselbe fand keinen Bei=
fall und schließlich einigte man sich dahin, es doch bei der alten Form
bewenden zu lassen.[64]) Noch ein anderer Vorschlag scheint damals
gemacht worden zu sein; nemlich dahin gehend, daß die Bestimmungen
der Erbverbrüderung, insbesondere in Bezug auf die Ausstattung der
Töchter, nicht bloß für den Fall zu Anwendung kommen sollen, wenn
das ganze Haus ausstirbt, sondern auch dann, wenn nur eine Linie
in dem Hause ausstirbt. Doch werden wir weiter unten hierauf aus=
führlicher zu sprechen kommen.[85]) Auch der Antrag, daß die sächsischen
Fürsten den Titel „Landgrafen von Hessen" und die hessischen den
„Herzöge von Sachsen" von nun an führen sollten, wurde nicht an=
genommen.[86]) Dagegen verständigte man sich in Betreff der Huldi=
gung dahin, daß in Zukunft die Beamten den Huldigungseid nicht

---

82) Dresb. St.=Arch. Erbverbrüderung 1431—1555 Fol. 106.
83) Dresb. St.=Arch. Erbverbrüderungen 1373—1555 Fol. 239.
84) Berichte Cäsar Pflugs an Herzog Georg von Sachsen, Erbverbrüderung
1431—1555 Fol. 98.
85) Dresb. St.=Arch. Erbverbrüderungen 1373—1555 Fol. 223. Bemerkungen
zu der Erbverbrüderung 1520.
86) J. S. Müller Annales S. 73. Dresb. St.=Arch. Erbverbrüderung 1373
bis 1555 Fol. 227.

mehr den Gesandten der erbverbrüderten Fürsten, sondern dem eignen Landesherrn bei dem Antritt ihres Amtes leisten sollten. Ein Protocoll soll darüber in das Amtsbuch eingetragen, den erbverbrüderten Fürsten aber ein Verzeichniß der Beamten unter Bescheinigung, daß sie den Eid geleistet, zugeschickt werden. [87]) — Doch wurde für dieses Mal die Huldigung in der althergebrachten Weise geleistet, worüber sich noch eine große Zahl sowohl von Huldigungs- als Reversbriefen erhalten hat. [88]) —

Diese Erneuerung der Erbverbrüderung, sowie die Wahrscheinlichkeit des Aussterbens des hessischen Hauses, die doch nahe gerückt war, machten die Churfürsten von der Pfalz und von Mainz, sowie andere Fürsten, von denen die Landgrafen Lehen trugen, darauf aufmerksam, daß auch ihnen durch die Erbverbrüderung ein sehr wichtiger Theil ihrer lehnsherrlichen Rechte entzogen zu werden drohte, und sie entschlossen sich daher, bevor Kaiser Karl V. dem Gesuche des Landgrafen Philipp Folge geleistet und ihn belehnt hätte, gegen die Erbverbrüderung zu protestiren und Rechtsverwahrung einzulegen. Auf dem Reichstage zu Worms übergaben am 1. März 1521 die Kurfürsten von der Pfalz und Mainz, sowie der Abt von Fulda gleichlautende Proteste, in denen sie ausführten, daß ihre lehnsherrlichen Rechte durch die Erbverbrüderung keinen Abbruch erleiden dürften. [89]) Hiergegen übergaben die sächsischen und hessischen Fürsten dem Kaiser eine Gegenprotestation, in der sie sich darauf beriefen, daß ihre alte

---

87) Müller Reichstagstheatrum Bd. II. S. 372. Sammlung vermischter Nachrichten zur sächsischen Geschichte Bd. X. S. 169.
88) S. Lünig Corpus Juris foudalis Bd. III. S. 1705. 1706. Rudolphi Gotha Dipl. Bd. I. S. 87. Bd. II. S. 253. Lünig Reichsarch. Pars Spec. Supplem. I. S. 259. Sammlung zur sächs. Geschichte Bd. X. S. 203. 206. 209. Handschriftliche Nachrichten und Urkunden im Dresd. St.-Arch. Erbverbrüderungen 1431 bis 1555 Fol. 106. 107. Erbverbr. 1457—1575 Fol. 78—82. 120 u. ff.
89) Dresb. St.-Arch. Erbverbrüderung 1457—1575 Fol. 115. Der Protest des Kurfürsten von Mainz findet sich abgedruckt bei Wenck Hessische Landesgeschichte, Bd. III. Urkunden S. 272; ist hier aber fälschlich in das Jahr 1520 gesetzt.

Erbverbrüderung zum öftern von den Kaisern bestätigt worden, und in der sie die Bitte an den Kaiser richteten, ihre Brüderschaft aufrecht zu erhalten.⁹⁰) In der That erfolgte auch die kaiserliche Belehnung des Landgrafen am 7. April, wobei die Erbverbrüderung besonders confirmirt ward mit Berufung auf die von den früheren Kaisern gegebenen Bestätigungen „der Brüderschaft mit den Landen Sachsen, Hessen, Doringen und Meissen", ohne daß dabei der Protestationen der drei Fürsten gedacht worden wäre.⁹¹) —

Eine wichtige Aenderung scheint in Bezug auf die Ausdehnung der Erbverbrüderung in dieser Zeit eingetreten zu sein. Wie oben angeführt, war das eigentliche Herzogthum Sachsen, auf dem die Kurwürde ruhte, und diese selbst nicht in die Erbverbrüderung aufgenommen worden und trotz den Bemühungen der Fürsten war es nicht gelungen, die kaiserliche Genehmigung zur Einverleibung in die Erbverbrüderung zu erlangen. (1431. 1434). Zwar findet sich eine ausdrückliche Ausschließung späterhin nicht mehr, weder in den Erneuerungsurkunden noch in den kaiserlichen Bestätigungen. In ihnen ist meist nur die Rede von den „Fürstenthümern".⁹²) Daß stillschweigend das Herzogthum und die Kurwürde mitinbegriffen worden seien, ist wohl nicht anzunehmen. In der oben erwähnten Belehnung des Landgrafen von Hessen von 1521 findet sich zum ersten Male das Herzogthum Sachsen erwähnt. Aus früherer Zeit finden sich unter den Huldigungs= und Reversbriefen keine, die sich auf die Ritterschaft oder eine Stadt des Herzogthums Sachsen beziehen. Dagegen wird gemeldet, daß den Ständen der ernestinischen Lande, als sie sich nach dem Tode des Kurfürsten Friedrich des Weisen (5. Mai 1525) in

---

90) Dresb. St.=Arch. Erbverbr. 1457—1575 Fol. 116.
91) Rommel Hessische Geschichte Bd. III. Anmerkungen S. 183.
92) In der Erbverbrüderung zwischen Sachsen, Brandenburg und Hessen von 1457 ist allerdings auch von dem Kurfürstenthum die Rede, aber wie oben gezeigt, blieb diese Erbverbrüderung Entwurf und ist nicht zur Giltigkeit gelangt.

Wittenberg versammelten, um dem Kurfürsten Johann zu huldigen, ihnen folgende Mittheilung gemacht worden sei (14. Juli 1525): „Man wollte ihnen nicht vorhalten, daß Churfürst Friedrich sowohl als er, Churfürst Johannes selbst bei seiner kayserlichen Majestät so viel aus= gewürket hätten, welches in vorigen Zeiten bey andern Römischen Kaysern und Königen nicht zu erlangen gewesen, daß wenn Churfürst Johannes und seines Mannes Leibeslehnserben, auch alle andere Her= zoge zu Sachsen in männlicher Linie aussterben würden, alsdann das Herzogthum und Churfürstenthum Sachsen an Landgraf Phlippen zu Hessen und desselben Mannes Leibeslehnserben fallen und kommen sollte. Und dieses wollte man den Ständen darum angezeigt haben, damit sie Nachricht davon hätten, indem dieser Umstand dem gegen= wärtig vorzuhaltenden Huldigungseide einverleibt worden sei." [93]) Von dieser Zeit an lauten auch die Huldigungs= und Reversbriefe auf das Herzogthum Sachsen und es finden sich berlei Urkunden sowohl für die Ritterschaft wie für die Städte des nachmaligen Kurkreises. [94])

---

93) Rudolphi Gotha Diplomatica Bd. I. S. 89. Zwar hat sich weder in dem königlichen Staatsarchiv zu Dresden noch in dem Sachsen=Ernestinischen Ge= sammtarchiv zu Weimar hierüber eine Urkunde oder urkundliche Nachricht finden lassen; dennoch glauben wir nicht, in die Anführungen Rudolphis Mißtrauen setzen zu dürfen, da er nach den besten Materialien arbeitete und an eine gefälschte Urkunde wohl kaum zu denken ist. In Uebereinstimmung mit seinen Angaben lautet auch der Huldigungseid der Stände: „ob es sich begebe, das keiner unser gnedigster Herrn, der Herzogen zu Sachsen, sein werden u. s. w." — (Urkunde des Ges.=Archivs zu Weimar).

94) Rudolphi Gotha Diplom. I. S. 90 u. ff. Deductio Juris et Facti in Sachen Weimar entgegen Schwartzburg=Arnstadt (1712) S. 49. (Huldigungsformel der Stände bei dem Regierungsantritt des Churfürsten Johann Friedrich 1532.) — Am Ende des 16. und im 17. Jahrhundert war es eine von den Juristen vielfach ventilirte Frage, ob das Herzogthum und die Kurwürde von der Erbverbrüderung erfaßt würden oder nicht. Für das erstere sprachen sich namentlich aus Arumaeus Discursus ad Auream Bullam VI. cap. 6 (1663). J. C. Guttich De Coufraternitat. (ap. Seyfert Nucleus Discept. I. p. 738). Die entgegengesetzte Ansicht ver= theidigen besonders Fabricius De Orig. Saxon. p. 747 (1569) Limnatus Jus publ. IV. c. 8 § 166; Addit. ad. h. l. — Carpzov a. a. O. c. V. §. 28 u. ff. verthei= digt eine mittlere Ansicht; das Herzogthum Sachsen sei zwar in der Erbverbrüderung inbegriffen, nicht aber die Kurwürde.

Aber allerdings sind wir nicht im Stande, anzugeben, in welchem bestimmten Zeitpunkte und in welcher Form diese Ausdehnung der Erbverbrüderung auf das Herzogthum Sachsen und Kurwürde stattgefunden hat. —

Wenige Jahre später wurde der Eintritt Brandenburgs in die Erbverbrüderung von Neuem in Anregung gebracht. Als in Folge des Todes des Kurfürsten Joachim I. von Brandenburg die alte Erbeinigung zwischen den drei Häusern Sachsen, Brandenburg und Hessen erneuert und die jungen brandenburgischen Markgrafen Joachim II. und Johann in dieselbe aufgenommen wurden (1537),[95]) wurde die Erbverbrüderung von 1457 wieder in Erinnerung gebracht und in einem Nebenabschiede beschlossen, Nachforschungen nach den Originalurkunden zu veranstalten und in dem nächsten Jahre über diese Sache einen neuen Tag zu Zerbst zu halten.[96]) Die politisch=religiösen Absichten, welche den Kurfürsten Johann Friedrich und den Landgrafen Philipp dazu bewogen, das Haus Brandenburg in die Erbverbrüderung zu ziehen, liegen klar. Sie hofften dadurch die noch schwankenden brandenburgischen Fürsten auf die protestantische Seite zu ziehen und durch einen enggeschlossenen norddeutschen Bund dem Kaiser das Gegengewicht halten zu können. Jedoch allen Nachforschungen unge=

---

95) Ranke deutsche Geschichte Bd. IV. S. 86. Kurfürst Johann Friedrich wollte damals die Formel der Erbeinigung „der heiligen römischen Kirche zu Ehren" nicht mehr wiederholen und den Papst nicht mehr unter denjenigen nennen, gegen welche das Bündniß nicht gelten sollte. Herzog Georg drang dagegen auf Beibehaltung der alten Formel, und als der Kurfürst nicht nachgab, trennte er sich von der Erbeinigung (Erbeinigung zu Zeitz Sonnabend nach Lätare (12. März) 1537. Müller Reichstagstheatrum Bd. II. S. 358). Bald darauf vereinigte man sich jedoch dahin, Niemanden auszunehmen, weder Kaiser noch Papst. Auf einer neuen Zusammenkunft zu Zeitz (Sonntag Palmarum) trat Herzog Georg der Erbeinigung wieder bei. Die Urkunden und Belege hierfür finden sich in der Sammlung vermischter Nachrichten zur sächsischen Geschichte Bd. X. S. 217. Hiernach sind die Angaben Rankes a. a. O. zu berichtigen.

96) Dresd. St.=Arch. Erbverbrüderungen u. s. w. 1373—1555 Fol. 346. S. oben Anmerkung 67. 68.

achtet war eine kaiserliche Bestätigung der Erbverbrüderung von 1457 nicht zu finden 97) und bei der damaligen Lage der politischen Verhältnisse war nicht daran zu denken, jetzt noch nachträglich die kaiserliche Confirmation zu erhalten. So blieb die Sache vorerst liegen. — Die mächtigen Ereignisse, welche die Uebertragung der Kurwürde auf Herzog Moritz zu Folge hatten (24. Februar 1548), blieben ohne Einfluß auf den Bestand der Erbverbrüderung. Der Lehnbrief des Kaisers bestätigte ausdrücklich die alte Erbverbrüderung mit Hessen. Zwar legte der Kurfürst Sebastian von Mainz wieder eine Rechtsverwahrung 98) ein, aber Kurfürst Moritz beachtete sie wenig und sandte, um keinen Zweifel darüber zu lassen, daß er die Erbverbrüderung auch als auf die Mainzischen Lehen ausgedehnt ansah, seinen Rath Hans Worm im Jahre 1551 in die Obere und Niedere Grafschaft Katzenellenbogen, um dort die Erbhuldigung einzunehmen. 99) Auch als Kaiser Karl V. Johann Friedrich aus seiner Gefangenschaft wieder entließ und ihm den Restitutionsbrief ertheilte, wurde darin ausdrücklich die Erbverbrüderung als fortbestehend und giltig bestätigt. (27. August 1552). 100)

Aber die gewaltigen Veränderungen, die in der ganzen politischen Lage Deutschlands eingetreten waren, veranlaßten die Fürsten, doch an eine feierliche Erneuerung der Erbverbrüderung und der Erbeinigung zu denken. Die Erneuerung der letztern war schon in dem Friedens-

---

97) S. oben Anmerkung 69.
98) Churfürsts Sebastian Consens in die Translation der Chur-Sachsen auf Herzog Morizen. Augsburg Dienstag nach Pfingsten (22. Mai) 1548.: „[Wir wollen] der angezognen Erbverbrüderung halben zwischen dem Haus zu Sachsen vnd dem Landtgraven zu Hessen (dieweil von diesen punkten in der kaiserlichen Investitur vnd Belehnung Meldung geschicht), vunsers Stiffts Ober vnd Gerechtigkait, was vnns daran geburt, hiemit durch vnser Bewilligung nichts begeben, sondern dieselben hiemit ausgedingt vnd vorbehalten haben." — Orig.-Urk. des Dresb. St.-Arch.
99) Orig.-Urk. des Dresb. St.-Arch.
100) Rudolphi Gotha Diplomat. Bd. V. S. 266. Huldigungseib der kursächsischen Stände an den Kurfürsten August bei dessen Regierungsantritt 1553. Deductio Juris et Facti u. s. w. S. 50.

vertrag zwischen dem Kurfürsten August und dem Markgrafen Albrecht von Brandenburg Artikel 7 beschlossen worden (11. Septbr. 1553).[101] Im Frühjahre 1554 (25. März) forderte Landgraf Philipp den Kurfürsten August auf, auch die Erneuerung der Erbverbrüderung ins Werk zu setzen.[102] Sowohl der Kurfürst August als die sächsischen Herzöge gingen bereitwillig darauf ein;[103] jedoch zogen sich die höchst langwierigen Verhandlungen zwischen den verschiedenen Höfen über Zeit und Ort der Zusammenkunft noch bis in das Frühjahr des nächsten Jahres hin.[104] Endlich kamen die Kurfürsten August von Sachsen und Joachim von Brandenburg, die Herzöge Johann Friedrich der Mittlere und Johann Wilhelm von Sachsen, die Markgrafen Johann, Georg Friedrich und Hans Georg von Brandenburg, sowie Landgraf Philipp von Hessen mit seinen Söhnen Wilhelm und Ludwig am 6. März (Mittwoch nach Invocavit) 1555 zu Naumburg zusammen.[105] Bei den Verhandlungen über die Erneuerung der Erbeinigung wurde von brandenburgischer Seite der Eintritt in die Erbverbrüderung zur Sprache gebracht, „da sie (die brandenburgischen Fürsten) gleich wol, wenn sie alle mit Tod abgingen, die verlassnen Lande uff der Werlt niemandts lieber gonnen wolten, dann den obgemelten Häusern." Zugleich machte Brandenburg den Vorschlag, die Bestätigung der frühern Erbverbrüderung von 1457 jetzt nachträglich bei Kaiser und Reich nachzusuchen.[106] Man gab jedoch diesem Antrag keine weitern Folgen; wahrscheinlich hielt man den Zeitpunkt nicht für geeignet, die kaiser-

---

101) Ranke deutsche Geschichte Bd. V. S. 262.
102) Schriften, die Verneuerung der Erbverbrüderung betreffend, 1555 Fol. 1. Dresd. St.-Arch.
103) a. a. O. Fol. 2. 4.
104) Die ganze hierauf bezügliche Correspondenz theils in Originalien, theils in Abschriften in Dr. Kommerstädts Schriften betreffend die Erbverbrüderung 1555. Dresd. St.-Arch.
105) J. S. Müller Annales S. 125. Naumburgische Handlungen 1555 Fol. 136. Dresd. St.-Arch.
106) a. a. O. Fol. 109.

liche Confirmation zu erlangen. Dagegen kam die Erneuerung der
Erbeinigung zwischen den drei Häusern am 9. März [107]) und die der
Erbverbrüderung zwischen Sachsen und Hessen am 12. März zu
Stande. [108]) Die Erneuerungsurkunde ist im Ganzen eine Wieder=
holung der Erneuerung von 1431, jedoch mit mehrern bemerkenswer=
then Aenderungen, die sowohl die Form wie den Inhalt der Erbver=
brüderung betreffen. Vor allem ist die Art und Weise zu beachten,
in der auf die Giltigkeit und den rechtlichen Bestand der Erbverbrüderung
Nachdruck gelegt wird. Wir haben oben schon erwähnt, wie mit der
Zeit die Erbverbrüderung den Charakter eines lehnrechtlichen Instituts
in den Hintergrund gedrängt hatte und zu einem Erbeinsetzungsvertrag
geworden war, der zu seiner Giltigkeit nur die Bestätigung des Kaisers
erforderte. In der That erschien sie den Juristen des 16. Jahrhun=
derts nur unter diesem Gesichtspunkte. Während der Rechtsbestand
der Erbverbrüderung wohl keine Bedenken erregt hätte, wenn sie, wie
sie es ursprünglich war, als eine Art der Belehnung zur gesammten
Hand wäre aufgefaßt worden, mußte sie unter dem Gesichtspunkte eines
Erbeinsetzungsvertrags betrachtet den gelehrten romanisirenden Juristen
der damaligen Zeit die größte Mühe verursachen. Auf der einen Seite
sprach das römische Recht zu klar und zweifelslos die Ungiltigkeit der
Erbverträge aus; auf der andern Seite aber war doch die Praxis zu
mächtig, als daß man sie hätte ignoriren, oder allen Erbverträgen die
Giltigkeit hätte absprechen können. Bei den Erbverbrüderungen kam
noch hinzu, daß sie von den ersten Reichsfürsten geschlossen, von den
Kaisern bestätigt, seit Jahrhunderten in anerkannter Giltigkeit gewesen
waren. Ihre Giltigkeit anzugreifen, durfte Niemand wagen. [109]) Um
sich aber gegen den klaren Wortlaut des Corpus Juris zu schützen und

---

107) Müller Annales S. 125. J. J. Müller Reichstagsth. Bd. II. S. 341.
108) Müller Reichstagsth. Bd. I. S. 578.
109) Carpzov a. a. O. c. III. § 42: „Num ergo haec pacta successoria irrita
ac nulla erunt? Nimis impudenter id dixerit, quisquir dixerit." —

so stracks sich widerstreitende Dinge zu versöhnen, bedurfte es in der That eines ziemlichen Aufwandes von scharfsinnigen und sophistischen Scheingründen, mit denen die damalige Zeit ihr juristisches Gewissen zu beruhigen suchte. Der erste, der die Rechtsbeständigkeit der Erbverbrüderung trotz des Widerspruchs des römischen Rechts sich darzuthun bemühte, war Ulrich Zasius, und seine Argumente nehmen fast alle Juristen des 16. und 17. Jahrhunderts zu Hilfe. Vor allem suchte man sich darauf zu stützen, daß jeder Fürst in seinem Lande oberster Gesetzgeber sei, wie der Kaiser im Reich; ihm ständ es also frei, die Gesetze zu ändern und auch ohne des Kaisers Zustimmung könnten sie das gemeine Recht aufheben.[110] Ferner aber sei der allgemeine Nutzen, welcher dem Reiche aus den Erbverbrüderungen erwachse, so groß, daß hierüber der Wortlaut der Gesetze nicht in Betracht kommen könne. Denn „so groß ist die Begünstigung, welche das Recht der öffentlichen Wohlfahrt zu Theil werden läßt, daß Dinge, welche dem öffentlichen Wohle dienen, nicht in den gesetzlichen Verboten eingeschlossen sind".[111] Besonders aber berief man sich darauf, daß auch nach römischem Rechte den Soldaten das Recht zugestanden habe, durch Vertrag über ihre Erbschaft zu verfügen;[112] und da doch die Fürsten Ritter und Vasallen des Kaisers seien, so müsse sich, schloß man, diese Bestimmung auch auf sie beziehen und folglich wären sie berechtigt, Erbverbrüderungen zu schließen.[113] Leider vergaß man meist dabei, wenn wir von dem Mißverständniß des römischen Rechts

---

110) Udalr. Zasius Responsa et cons. Vol. II. consil. 1. § 22 (in opp. Vol. VI. Francof. 1590). Andreas Gail Pract. Obs. Vol. II. observ. 127 § 1 Bart. Musculus De success. convent. et anomala (1607) conclus. 1 § 18. — Vgl. auch Beseler Erbverträge Bd. II. Abth. 1. S. 130 u. ff.

111) Zasius a. a. O. §. 23: tantus publicae utilitatis favor est, ut ea, quae publice utilia sunt, non includentur his, quae lege prohibentur.

112) Diese Ansicht gründete sich auf eine falsche Auslegung der L. 19 Cod de pactis 2. 3. Vgl Hasse Rheinisches Museum für Jurisprudenz Bd. II. S. 164.

113) Zasius a. a. O. § 36. Gail a. a. O. §. 9. Guttich De Confratern. IV. § c. u. a. M.

auch absehen, die Bestimmung der Notariatsordnung von 1512 II. § 2: „Aber die Ritter, so nicht in Uebung vnd Streit noch auch zu Felde liegen, sollen ihr Testament nach gemeinen Rechten machen." [114]) Jedoch schien den Fürsten und ihren Räthen diese Berufung auf das römische Recht höchst werthvoll und einen sichern Schutz und Wehr gegen die Angriffe, welche gegen die Rechtsbeständigkeit ihrer Erbverbrüderung gemacht werden könnten. [115]) Sie erklären deßhalb, daß sie die Erneuerung vorgenommen hätten „in der allerbeständigsten Form, Weis vnd Maß als solches jure publico militari vnd sonst zu recht geschehen kann oder mag." —

In Bezug auf den Inhalt der Erbverbrüderung wurden in der Erneuerung von 1555 folgende Aenderungen vorgenommen: die Summe, über welche durch Testament der letzte Fürst des einen Hauses sollte verfügen können, wurde auf 30,000 fl. erhöht; die Verpflichtung, die hinterlassenen Töchter und Schwestern des letzten Fürsten zu versorgen, wurde auf alle zur Zeit des Aussterbens des Mannsstammes noch unverheirathete Prinzessinnen ausgedehnt. Auch die Summen dieser Versorgung wurden erhöht, für eine Prinzessin auf 20,000 Gulden nebst Aussteuer, für zwei auf je 10,000 Gulden für jede nebst Aussteuer; wogegen wenn mehrere Prinzessinnen da sein sollten, jede im Ganzen 24,000 Gulden erhalten solle, ohne weitere Ansprüche an Aussteuer machen zu dürfen. Die weiteren Bestimmungen über Erbhuldigung, Eidesleistung, Bezahlung der Schulden u. s. w. sind der alten Erneuerung von 1431 entnommen. [116]) Zugleich

---

114) Limnaeus suchte dieses Bedenken mit folgender Argumentation zu beseitigen: confratres illustres licet in expeditione hodie non sint, cum tamen in numeris remanserint et ad expeditionem promti sint atque obligati milites esse, et proinde quae benemeritis atque futuris periculis posita sint, obtinere et ipsos.

115) In der That sind von Mynsinger von Frundeck aus römisch rechtlichen Gründen starke Zweifel an der Rechtsbeständigkeit der Erbverbrüderung geltend gemacht worden. (Responsa Juris. resp. 14. Basil. 1596.)

116) Ueber eine Stelle dieser Erneuerung von 1555, welche nach der Ansicht Mancher die Giltigkeit einzelner Bestimmungen der Erbverbrüderung auch für den

wurde der Beschluß gefaßt, jeder Fürst solle, soviel wie möglich, dahin wirken, daß der Kaiser die Erneuerung durch eine ausdrückliche Bestätigungsurkunde anerkenne. Jedoch scheint es, daß man sich nicht besonders bemühte, eine solche Confirmation zu erhalten.[117] Die Erbhuldigung wurde in gewohnter Weise eingenommen[118] und nach dem Tode des Landgrafen Philipp des Großmüthigen (1567) leisteten seine jüngern Söhne Philipp und Georg den Eid auf die Erbverbrüderung (23. Juni 1567).[119] Ein darauf gehender Passus wurde auch in den Huldigungseid der hessischen Unterthanen aufgenommen und die sächsische Ritterschaft und Städte huldigten ihrer Seits ebenfalls dem Landgrafen.[120]

Fall, wo nur eine Linie innerhalb des Hauses ausstirbt, aussprechen soll, werden wir weiter unten sprechen.

117) Der Entwurf eines Gesuchs an den Kaiser um Bestätigung, datirt Naumburg 9. April 1555, findet sich in dem Dresb. St.-Arch. (Naumburgische Handlung 1555 Fol. 86); aber keine Notiz darüber, ob derselbe wirklich ausgefertigt worden ist. Die Erbeinigung dagegen wurde bestätigt von dem Kaiser Brüssel 8. April (Naumb. Handlg. Fol. 91) und von König Ferdinand Augsburg 24. März (a. a. O. Fol. 102.)

118) Eine große Anzahl von Reversbriefen des Kurfürsten August an die hessische Ritterschaft, Amtleute und Städte aus dem Jahre 1555 in Dresb. St. Arch. Naumb. Handlung Fol. 178 u. ff.

119) Reversbriefe der sächsischen Fürsten über die Eidesleistung der Landgrafen. Lünig Reichsarch. Pars. Spec. Cont. II. S. 320.

120) Huldigungseid der Stadt Kassel bei Winckelmann Hessen Landes-Beschreibung (1711) S. 540; der Ritterschaft bei Lünig Corpus Juris feudalis II. S. 1714. Huldigungsbriefe von 60 hessischen Städten aus dem Jahre 1569 und von 51 kurfürstlich sächsischen Städten für die Landgrafen aus dem Jahre 1570; sowie die Reversbriefe hierüber im Dresb. St. Arch. Andere Huldigungs- und Reversbriefe aus diesen Jahren in der Sammlung vermischter Nachrichten zur sächs. Gesch. Bd. X. S. 221—229. Gleich nach dem Tode des Landgrafen Philipp fordern der junge Landgraf Philipp und die Ernestinischen Herzöge den Kurfürsten August auf, seine Haupt- und Amtleute, sowie seine Vasallen den Huldigungseid auf die Erbverbrüderung schwören zu lassen. (Gemeinsames Schreiben Weimar Mittwoch nach Oculi 1567. Dresb. St.-Arch. Naumb. Handl. 1555. Fol. 111). — Auf dem Landtage zu Treysa 1576 (13. Dezember) beschwerten sich die Ritterschaft, Prälaten und Landschaft, daß sie über die von ihnen geleistete Erbhuldigung noch immer keine Reversalien von den sächsischen Fürsten erhalten hätten. (Rommel Hessische Geschichte Bd. V. S. 253). —

Der Vorschlag, den Brandenburg auf dem Naumburger Tag 1555 gemacht hatte, die alte Erbverbrüderung zwischen den drei Häusern jetzt endlich zur Perfection zu bringen, war, wenn er auch keine unmittelbaren Folgen hatte, nicht in Vergessenheit gerathen. Bald nach dem Tode des Landgrafen Philipp des Großmüthigen richtete sein ältester Sohn, der Landgraf Wilhelm, der Stifter der hessen-kasselischen Linie, an den Kurfürsten August von Sachsen die Aufforderung, die Unterhandlungen wegen des Eintritts Brandenburgs in die Erbverbrüderung einzuleiten.[121]) Der Kurfürst ging auf diese Aufforderung ein und in Folge davon fand noch in demselben Jahre (1569) am 26. Juli eine Zusammenkunft der Fürsten zu Dresden statt, über deren Resultat uns jedoch keine Nachricht vorliegt.[122]) Die weiteren Verhandlungen zogen sich ziemlich in die Länge, da Brandenburg nicht mehr auf eine Erneuerung der alten Erbverbrüderung von 1457 eingehen wollte. Während nach dieser Erbverbrüderung Sachsen und Hessen die eine Parthei und Brandenburg die andere Parthei bildeten, so daß bei dem Aussterben des einen der beiden erstern Häuser das andere nach Maßgabe der sächsisch-hessischen Erbverbrüderung von 1431 erben sollte, Brandenburg aber erst, wenn diese beiden Häuser ausgestorben wären, verlangte Brandenburg jetzt zu gleichem Rechte mit Sachsen und Hessen aufgenommen zu werden.[123]) Nachdem diese Forderung von der andern Seite zurückgewiesen worden war, machte Brandenburg den Vorschlag, bei dem Aussterben eines der beiden Häuser, Sachsen oder Hessen, sollte das andere zwei Drittel der Besitzungen, Brandenburg aber ein Drittel erben. Nach mehrmaligen

---

121) Kassel 20. Februar 1569 (Dresd. St.-Arch. Erbverbrüderungen 1571—1579 Fol. 5). Vgl. auch den Vortrag der brandenburgischen Räthe auf den Conferenzen zu Naumburg im Jahre 1587. Das Protokoll derselben bei Hellfeld Beyträge zum Staatsrecht und zur Geschichte Sachsens Bd. I. S. 78.

122) J. S. Müller Annales S. 154.

123) Bericht des kurbrandenburgischen Kanzlers Diestelmeier. Berlin 14. August 1571. (Dresd. St.-Arch. Erbverbrüderungen 1571—1579 Fol. 98).

Conferenzen der fürstlichen Räthe [124] fand den 6. Sept. 1571 eine Zusammenkunft der Kurfürsten August von Sachsen und Johann Georg von Brandenburg mit hessischen Räthen zu Schönbeck an der Elbe statt, deren Resultat darin bestand, daß man die von Brandenburg gemachten Vorschläge annahm, und zugleich den Beschluß faßte, die Zustimmung der geistlichen Kurfürsten, sowie die des Kurfürsten von der Pfalz zu erwirken, ehe man den Kaiser um die Bestätigung der neuen Erbverbrüderung anginge. [125] Denn da seit der Wahlcapitulation Kaisers Karl V. Art. 24 zu der Verleihung eines heimgefallenen Reichslehens die Zustimmung der Kurfürsten erforderlich war, so konnte in nothwendiger Folge hiervon auch ohne Consens der Kurfürsten der Kaiser eine Erbverbrüderung nicht mehr bestätigen. [126] —

Später (im Jahre 1614) wurde von Kur Brandenburg die Behauptung aufgestellt, der zu Schönbeck geschlossene Vergleich wäre dahin gegangen, daß „obgleich die kaiserliche Confirmation nicht zu erlangen, es doch bei erwähnter Erbverbrüderung bleiben solle." [127] Aber abgesehen davon, daß eine solche Bestimmung jeder rechtlichen Giltigkeit entbehrt hätte, so ist sie auch niemals von sächsischer und hessischer Seite angenommen worden. Brandenburg legte allerdings zu Schönbeck den Entwurf eines Nebenabschieds vor, worin die drei Häuser erklärten: Solte aber Jrer Kayf. Majestät uber Zuvorsicht Jren Consens vnd Confirmation darzu zu geben zu Weigerung stehen, auff benselben Fall

---

124) Zusammenkunft in Dessau; Ende Juli 1571. Bericht darüber von Hans von Ponickau auf Pomsen an den kursächsischen Kanzler Dr. Georg Crakau. Erfurt 12. August (Dresd. St.-Arch. Erbverbrüder. 1571—1579 Fol. 95). Correspondenz der hessischen und brandenburgischen Räthe a. a. O. Fol. 107 u. ff. Zusammenkunft der Räthe in Berlin Ende August besselben Jahres a. a. O. Fol. 152.
125) Präliminarabschied Schönbeck 7. September 1571. Orig.-Urk. des Dresd. St. Arch.
126) Dies wurde allgemein anerkannt. Nur Glafey Pragmatische Geschichte der Krone Böhmen S. 271 bestreitet den Satz aus ganz nichtigen Gründen.
127) Protokoll der Verhandlungen zu Naumburg im Jahre 1614. Dresd. St. Arch. Erbeinung und Erbverb. 1614—1627 Fol. 52.

wollen Wir nichtsdestoweniger ob dieser vnser Verbrüderung, wan sich die Felle nach dem Willen Gottes an einem vnd dem andern Hause begeben vnd zutragen, festiglich halten vnd keinen andern frembden Herrn zu vnsern Landen vnd Leuthen solcher vnser Verbrüderung zuwider kommen lassen, darzu wir einander mit höchsten Vleiß, auch allem vnnserm Vermögen behilfflich sein vnd getrewen Beistand leisten sollen vnd wollen." [128]) Daß jedoch dieser Entwurf angenommen worden wäre, davon findet sich in den sehr ausführlichen Nachrichten, die uns erhalten sind, keine Spur. —

Noch von Schönbeck aus wurden Gesandte an den pfälzischen und die geistlichen Kurfürsten geschickt. [129]) Der Kurfürst von der Pfalz erklärte, daß „er für seine Person kein Bedenken habe, den gesuchten Consens zu der Erbverbrüderung zu geben." [130]) Dagegen war bei den geistlichen Kurfürsten, vor allem bei dem Kurfürsten von Mainz, nichts zu erlangen. Sei es daß dieser letztere wegen der von Hessen zu Lehen getragenen Mainzischen Besitzungen die lehnsherrlichen Rechte von Mainz nicht schmälern wollte; [131]) sei es daß die Möglichkeit, daß bereinst so bedeutende Gebiete in einer protestantischen Hand vereinigt werden könnten, zu bedenklich erschien: der Kurfürst von Mainz gab eine ausweichende Antwort und verschob die ganze Sache auf eine Collegiatversammlung der rheinischen Kurfürsten. Die Gesandten wußten, was diese Antwort zu bedeuten habe, und glaubten sich der

---

128) Dresd. St.-Arch. Erbverb. 1571—1579 Fol. 145.
129) Kreditiv und Instruktion derselben a. a. O. Fol. 174. 219.
130) Bericht des kursächsischen Gesandten d. d. Gelnhausen 10. Oct. 1571 a. a. O. Fol. 230. Vgl. den Brief des Kurfürsten Johann Georg von Brandenburg an den Kurfürsten August von Sachsen d. d. Köln an der Spree 14. November 1574 a. a. O. Fol. 335.
131) Landgraf Wilhelm von Hessen rieth deßhalb ab, bei den rheinischen Kurfürsten die Zustimmung nachzusuchen, da sie wegen der von Hessen zu Lehen getragenen Güter Vorbehalte und Reservationen machen würden, „welches aber eine große Confusion in unsere Erbverbrüderung machen würde." Landgraf Wilhelm an den Kurfürsten August Kassel 15. October 1571 a. a. O. Fol. 270.

Mühe überheben zu können, bei den andern geistlichen Kurfürsten um Zustimmung nachzusuchen. Auch erfolgte natürlich die Collegiatversammlung der rheinischen Kurfürsten, auf die sie der Kurfürst von Mainz vertröstet hatte, niemals.[132] —

Die ganze Angelegenheit blieb hiernach liegen, bis im Jahre 1574 Landgraf Wilhelm von Hessen und Kurfürst Johann Georg zur Wiederaufnahme der Verhandlungen aufforderten.[133] Der Kurfürst von Sachsen lud hierauf zu einer Conferenz der Räthe nach Jüterbogk ein,[134] die den 13. Dezember 1574 stattfand. Die kursächsischen Räthe versuchten daselbst die Ansicht aufzustellen, zu der kaiserlichen Confirmation der Erbverbrüderung sei die vorherige Zustimmung der Churfürsten nicht nothwendig, „sintemal Anfelle zu verleihen keine alienatio einiges Stückes were, so dem heiligen Reich abgezogen würde, davon die kaiserliche Obligation besagt."[135] Jedoch fand diese Behauptung bei den brandenburgischen Räthen keinen Anklang: es wurde erwidert, „es sey eine große Sache so ein gantz Kur- und Fürstenthumb belangen; darum die kayserliche Majestät ohne Consens der Kurfürsten das Angefelle nicht vergeben könne."[136] Die sächsischen Räthe mußten das zugeben und schließlich anerkennen, daß die Zustimmung der Kurfürsten zur Gültigkeit der kaiserlichen Bestätigung nothwendig sei. Jedoch faßte man den Entschluß, die Kurfürsten nicht mehr zu beschicken; sondern die Ankunft der kaiserlichen Gesandten, die täglich eintreffen konnten — (es handelte sich um die Werbung der kurfürstlichen Stimmen zu Gunsten der Wahl

---

132) S. den oben angeführten Brief des Kurfürsten Johann Georg a. a. O. Fol. 336.

133) Landgraf Wilhelm an den Churfürsten August. Kassel 28. November 1574 a. a. O. Fol. 333. Johann Georg an August. 24. November a. a. O. Fol. 335.

134) Einladungsschreiben Annaburg 25. November a. a. O. Fol. 338.

135) Instruktion der kursächsischen Räthe. Annaburg 11. Dezember a. a. O. Fol. 341.

136) Bericht des kursächsischen Gesandten Tam von Siebothendorf. Jüterbogk 14. Dez. a. a. O. Fol. 356.

des Sohnes des Kaisers, Rudolph, zum römischen Könige) — abzuwarten und alsdann „nach Befindung und Gelegenheit der Werbung" solle Kurfürst August einen Erbverbrüderungstag ausschreiben, so daß die Erbverbrüderung noch vor der Wahlversammlung der Kurfürsten abgeschlossen und von dem Kaiser bestätigt werden könnte. Auf der Wahlversammlung solle dann der Consens der Kurfürsten nachgesucht werden. 137) —

Aber dieser Beschluß konnte nicht zur Ausführung gebracht werden; weder wurde die Erbverbrüderung zwischen den drei Häusern formell zum Abschluß gebracht, noch erfolgte die kaiserliche Bestätigung.

Erst nach dem Tode des Churfürsten August (11. Februar 1586) wurden die Verhandlungen wieder aufgenommen, 138) aber erst in dem Sommer des folgenden Jahres konnte eine Zusammenkunft der Fürsten der drei Häuser zu Naumburg stattfinden (5. und 6. Juli 1587). In Bezug auf den Eintritt Brandenburgs in die Erbverbrüderung konnte jedoch auch hier nicht Endgültiges festgestellt werden, da der Vertreter des Herzogs Georg Friedrich von Preußen keinen „genugsamen Bevehlich" hatte. 139) Dagegen kam eine Erneuerung der Erbverbrüderung zwischen Sachsen und Hessen zu Stande, die aber nur fast wörtlich die Erneuerungsurkunde von 1555 wiederholte. 140) In Beziehung auf die Erbhuldigung wurde ein Nebenabschied gefaßt, worin bestimmt wurde, daß künftighin keine Gesandten zur Einnahme

---

137) Vergleich der sächsischen und brandenburgischen Räthe 13. Dezember Jüterbogk. Or. Urk. des Dresb. St. Arch.

138) Kurfürst Christian I. von Sachsen an den Landgrafen Philipp 7. April 1586 (Dresb. St. Arch. Schriften belangend die Erbeinung und Erbverbrüderung 1586. 1587. Fol. 1. Die weitere Correspondenz a. a. O. Fol. 2—60).

139) Protocoll der Verhandlungen bei Hellfeld. Beyträge Bd. L S. 77. u. ff.

140) Müller Reichstagth. I. S. 581. Die einzige Abweichung von der Urkunde von 1555 besteht darin, daß es bei der Aufzählung der zu der Erbschaft gehörigen Gegenstände in der ältern heißt: „mit Land und Leuten, Erbe, Eigen, Kleinobien, Geschütze" u. s. w.; in der jüngern: mit Land und Leuten, Erbe, Eigen, Schulden, Güllen, Kleinobien, Geschütze" u. s. w.

der Erbhuldigung geschickt werden sollten, „weil es zu großes Auf=
sehen mache;" sondern die Landschaft solle auf den Landtagen der
Handlung berichtet und von derselben Briefe genommen und wiedergegeben
werden. [141]) Doch noch in demselben Jahre kamen die Räthe der drei
Häuser mit genügenden Vollmachten wiederum zu Naumburg zusam=
men, um über die Erbverbrüderung mit Brandenburg Beschluß zu
fassen. Sie verständigten sich über einen Entwurf, zu dessen näherer
Erläuterung sie einen Abschied abfaßten. Dem Entwurfe wurde eine
Vorlage zu Grunde gelegt, die sich möglichst genau an die sächsisch=
hessische Erbverbrüderung hielt und schon im Jahre 1571 zu Schön=
beck eine vorläufige Billigung gefunden hatte. [142]) Jedoch wurde eine
Reihe von Aenderungen und Zusätzen vorgenommen. Erstlich wurde
festgesetzt, daß für den Fall des Aussterbens des brandenburgischen
Hauses unter dem Theile, welcher alsdann an die Landgrafen von
Hessen fallen werde, die Dignität der Kur mit inbegriffen sein solle,
damit nicht zwei Kuren in einem Hause zusammen kämen. [143])
Zweitens wurde ausdrücklich hervorgehoben, daß die Bestimmungen
über Testament, Aussteuer u. s. w. nur für den Fall Giltigkeit haben
sollen, daß eines der Häuser gänzlich ausstürbe, nicht aber „da in
einem solchen Kur= oder fürstlichen Hause allein ein oder die andere
linea durch Absterben eines Fürsten daraus aufhört." [144]) Drittens

---

141) Rudolphi Gotha Dipl. Bd. I. S. 92. Acht Erbhuldigungsbriefe für die
hessischen Landgrafen von der Ritterschaft und den Städten des Meißnischen, Thü=
ringischen, Voigtländischen und Kurkreises gegeben auf dem Landtage zu Torgau
3. October 1588. Dresb. St.=Arch.

142) Ausdrücklich wird dies in dem erwähnten Abschiede hervorgehoben. Ab=
schied und Entwurf bei Hellfeld a. a. O. S. 98—123. Beide wurden abgefaßt den
9. November.

143) In Beziehung hierauf schlossen an demselben Tage (9. November) die
sächsischen und hessischen Räthe einen Nebenabschied, worin sie festsetzen, daß im Falle
des Aussterbens des Hauses Brandenburg die Kurwürde an Hessen, dieses aber nicht
die Hälfte der Lande, sondern nur ein Drittel erhalten solle, ausgenommen den Fall,
daß zu dieser Zeit schon eine der beiden sächsischen Linien ausgestorben und deren
Lande der andern Linie heimgefallen wären. Or.=Urk. des Dresb. St.=Arch.

144) Wir werden über diesen Punkt weiter unten ausführlicher sprechen. —

wurde noch deutlicher als es in der sächsisch-hessischen Erbverbrüderung geschehen, die Bestimmung über Ausstattung der hinterlassenen Prinzessinnen auf alle Prinzessinnen des ausgestorbenen Hauses ausgedehnt. — Schließlich wurden von der Erbverbrüderung diejenigen brandenburgischen Landestheile ausgenommen, welche in der brandenburgisch-pommerischen Erbverbrüderung, die im Jahre 1571 geschlossen und 1574 von Kaiser Maximilian II. confirmirt worden war, von brandenburgischer Seite für den Fall des Aussterbens des brandenburgischen Hauses als Erbschaft der pommerischen Herzöge bestimmt worden waren. —

In dem Abschied wurden ferner Bestimmungen getroffen in Betreff des Gesuchs um die kaiserliche Bestätigung. Es wurde am zuträglichsten erachtet, daß die Notull der Erbverbrüderung schon im Voraus von den einzelnen Fürsten unterschrieben und untersiegelt und der Kaiserlichen Majestät von den Gesandten der drei Häuser ein der Gestalt verfertigtes Exemplar überantwortet werde, „damit also diese Vergleichung besto beständiger und kräftiger an Ihre Majestät gebracht und von derselben besto füglicher Confirmation und Consens als über eine beschlossene und verglichne Sache erlangt werden möge. — Sollte aber über Zuversicht die Confirmation nicht zu erhalten sein, so sollten die Fürsten den Eid auf die Erbverbrüderung zwar nicht leisten, nichtsdestoweniger aber sollen diese Sachen zu aller vorfallender Gelegenheit gegen der itzigen kayserlichen Majestät oder da bey Dero nichts zu erheben, gegen Dero Successoren in guter Acht zu jeder Zeit gehabt und, da man irgend der Chur- und Fürsten Hilfe und Forderung bedürfen und suchen oder sich sonsten andere Bequemigkeit zutragen würde, nichts unterlassen werden, was zu Erlangung dieser Confirmation dienstlich sein, damit dies Werk zu gewünschtem Ende gebracht werden möge. Mittler Weile aber solle die Erbverbrüderung zwischen Sachsen und Hessen unverändert bestehen bleiben." —

Die Räthe faßten eine gemeinschaftliche Instruktion für die Gesandten ab, welche die kaiserliche Confirmation nachsuchen sollten. Sie haben dem Kaiser vorzustellen, wie die Erbverbrüderung zwischen den drei Häusern nur den Zweck habe, „unbefugtem Bedrängnuß und Fürgewaltigungen" bei dem Falle des Aussterbens des einen Hauses zuvorzukommen. „Sollte jedoch Ihro kayserliche Majestät einwenden, die Churfürsten müßten zuvor ihren Consens gegeben haben," so sollten die Gesandten erwidern, nach kaiserlicher Confirmation sei der Consens der Churfürsten nicht zweifelhaft; übrigens sei es überhaupt noch fraglich, ob der Consens der Kurfürsten hierbei nothwendig sei.¹⁴⁶)

Nachdem die Gesandten an dem bestimmten Tage (12. Mai 1588) das Gesuch bei dem Kaiser eingereicht hatten, erhielten sie am 14. Juni eine kaiserliche Resolution, die so gut wie eine abschlägige Antwort war. Der Kaiser könne in so wichtigen Dingen nicht allein ent= scheiden; übrigens habe sich in den Archiven keine kaiserliche Bestätig= ung der Erbverbrüderung von 1457 gefunden (die Gesandten sollten ihrer Instruktion zufolge sich in dem Gesuch gar nicht auf eine Be= stätigung der frühern Erbverbrüderung berufen); die Fürsten sollten nachforschen lassen, ob sich irgendwo ein Original der frühern kaiser= lichen Bestätigung vorfände. „Ihro kayserliche Majestät wollten aber Mittler Weile so wichtiger Dingen weiter nachdenken, damit sie sich hernachen desjenigen entschließen mögen, was Ihro Majestät bei dero= selben Nachkommen und dem Reich verantwortlich und den Erbver= brüderten Chur= und Fürsten selbst zu bestendiger Wohlfahrt und Ge= beihen sein würde."¹⁴⁵) Die Gesandten erwiderten hierauf: Es handle sich um die Confirmation einer schon längst bestehenden Erbverbrüder= ung; auch betreffe sie ja nicht Kur= und Fürstenthümer, die schon ledig und heimgefallen seien, sondern die noch auf weitläufige, ungewisse Fälle stehen; dadurch dem heiligen Reiche, wenn solche Fälle gleich sich

---

145) Hellfeld a. a. O. S. 123—131.
146) Or.=Urk. des Dresd. St.=Arch. S. Anhang III. Ein ungenauer Auszug dieses Aktenstückes findet sich bei Limnaeus Jus. Publ. Imp. IV. c. 8. § 171. p. 619.

zutragen sollten, an Superiorität, Regalien, gebührender Hilfe, Contribution und Gerechtigkeit nichts abgehet noch entzogen wird. Schließlich berufen sie sich darauf, daß in der kaiserlichen Confirmation der Erbverbrüderung zwischen Brandenburg und Pommern von 1574 auch die zwischen Sachsen, Brandenburg und Hessen anerkannt worden sei. [147]) — In der brandenburgisch-pommerischen Erbverbrüderung von 1571 war nämlich die Erbverbrüderung zwischen Sachsen, Brandenburg und Hessen, über deren Begründung die Verhandlungen damals geführt wurden, schon als abgeschlossen und als rechtsgiltig bestehend behandelt worden und das Verlangen der pommerischen Herzöge, daß Brandenburg mit allen seinen Ländern in die Erbverbrüderung eintrete, damit zurückgewiesen worden, daß die brandenburgischen Fürsten erklärten, daß „sie sich länger als vor hundert Jahren mit denen Chur- und Fürsten von Sachsen und Landgrafen zu Hessen — durch eine erbliche Verbrüderung zusammengesetzt hätten." [148]) Die kaiserliche Bestätigung vom 16. März 1574 lautet nun ganz allgemein: „Wir confirmiren wollen u. s. w. — daß obin serirter Vertrag und Erbeinung in allen und jeden seinen Worten, Punkten, Clauseln, Articuln, Inhaltungen, Meinungen und Begreifungen kräftig und mächtig sei." [149]) Keinem Zweifel kann es unterliegen, daß trotz dieser allgemeinen Bestätigung des Inhalts die in der Erbverbrüderung beiläufig angeführte Erbverbrüderung der drei Häuser nicht mit confirmirt wurde. Auch haben die Fürsten selbst niemals ernstlich diese Ansicht aufrecht zu halten gesucht, wie eben ihre Bemühungen, die kaiserliche Confirmation zu erlangen, beweist. [150])

---

147) Dresb. St.-Arch. Ander Buch Erbeinung und Erbverbrüderg. betreff. 1614—1627 Fol. 202.
148) Lünig Reichsarchiv Pars. Spec. IV. p. 65.
149) Lünig a. a. O. S. 68.
150) Als eine indirekte Bestätigung der sächsisch-brandenburgisch-hessischen Erbverbrüderung wurde die Konfirmation von 1574 betrachtet von Struve Corpus Juris Publ. p. 1202. Zurückgewiesen wird diese Ansicht von Moser Staatsrecht

Jedoch auch dieser Versuch war vergebens; der Kaiser ertheilte eine abweisende Antwort und bestätigte die Erbverbrüderung nicht.¹⁵¹)

Mehrere Jahre blieb hierauf die Angelegenheit liegen. Erst 1602 wurde eine Erneuerung der Erbeinigung, sowie die Gründung einer Erbverbrüderung wieder angeregt durch den Kurfürsten Joachim Friedrich von Brandenburg.¹⁵²) Jedoch trotz sehr eifriger Verhandlungen zwischen den verschiedenen Höfen konnte man sich erst nach 12 Jahren zu einer Zusammenkunft der Fürsten entschließen, die mit großem Pompe endlich 29. März 1614 zu Naumburg stattfand,¹⁵³) nachdem die fürstlichen Räthe schon seit mehreren Tagen an diesem Orte Vorberathungen gepflogen hatten. Aus diesen Verhandlungen ist besonders hervorzuheben, daß von allen Seiten anerkannt wurde, daß: „absque consensu Imperatoris diese Erbverbrüderung zu keinem Effect zu bringen sei, die Unterthanen auch ohne solchen Consens keinem andern verbunden werden könnten." ¹⁵⁴) Der Entwurf der Erbverbrüderung der drei Häuser wurde den 30. März von den

---

Bd. XVII. S. 99. Haselberg De Confirmatione Caesar. Pactorum Confraternit. p. 25 (1792). u. A. m.

151) S. Limnaeus a. a. O. S. 623.

152) Kurfürst Joachim Friedrich an den Kurfürsten Christian II. von Sachsen 9. Juli 1602 (Dresd. St.-Arch. Erbeinung und Erbverbrüd. Erstes Buch 1602—1614 Fol. 1).

153) Die höchst weitläufigen Verhandlungen über Art und Zeit der Zusammenkunft, die bald in Folge dieses, bald in Folge jenes Ereignisses verschoben werden muß, a. a. O. Fol. 1—437. Ausschreiben zu dem Naumburger Tag 1614 bei Hellfeld Leben des Herzogs Johann Ernst des Jüngern von Sachsen-Weimar S. 245 (1784). Eine genaue Beschreibung der Ceremonien sowie der Festlichkeiten bei Müller Annales S. 275—302. Die Fürsten hatten zusammen eine Begleitung vo 1584 Personen. Die Zahl der Pferde betrug 2256. Endlose Präcedensstreitigkeiten zwischen Sachsen-Weimar und Sachsen-Altenburg, sowie zwischen Hessen-Kassel und Hessen-Darmstadt nahmen zu Naumburg den größten Theil der Zeit in Anspruch. Eine ausführliche Darstellung der erstern bei Hellfeld a. a. O.; der letztern bei Rommel Hess. Geschichte Bd. VI. S. 329 u. ff.

154) Protokoll der Verhandlungen. Dresd. St.-Arch Erbeinigung und Erbverbrüderung Ander Buch 1614—1627 Fol. 53.

Fürsten unterzeichnet; zu gleicher Zeit aber ein Nebenabschied von ihnen abgeschlossen, worin sie erklären: da die Erbverbrüderung erst nach der Zustimmung der Kurfürsten und Confirmation des Kaisers, des Königs von Böhmen (wegen Jägerndorf, das böhmisches Lehen wa,) und des Königs von Polen, (der die Lehnsherrlichkeit über das Herzogthum Preußen hatte), zu rechtlicher Giltigkeit gelangen könne, so wollten sie gute Gelegenheit abwarten, um diese zu erlangen und erst nach erfolgter Confirmation solle die Eidesleistung der Fürsten sowie die Huldigung der Unterthanen erfolgen. Ferner wurde auf Antrag des Kurfürsten Johann Georg I. von Sachsen der Beschluß gefaßt, die kaiserliche Confirmation nicht sogleich nachzusuchen, sondern gelegne Zeit abzuwarten; „die Confirmation müsse caute gesucht werden, denn da die Sache einmal abgeschlagen, wäre es schimpflich und würde Ihro Majestät dadurch gleich verursachen, auf diese Sache nur desto mehr ein wachsames Auge zu haben. Darum müßte man der Zeit warten, wann der Kaiser der Kurfürsten bedürfte.[156]) —

Die Erbverbrüderung zwischen Sachsen und Hessen wurde dagegen am folgenden Tag (1. April) erneuert und von beiden Seiten beschworen.[157]) —

Kurfürst Johann Georg von Sachsen glaubt im Jahre 1626,

---

155) Or.=Urk. des Dresb. St.=Arch. S. Anhang IV. Der Wortlaut der Erbverbrüderung ist der vom Jahre 1587. Bei Moser Staatsrecht Bd. XVII. S. 62. Durch die Eingangsformel „mit sonderlicher Erlaubniß und Gunst — — Herrn Matthiä, Römischen Kaysers u. s. w." ließ sich v. Ohnesorge (Geschichte des Entwicklungsganges der Brandenburg=Preußischen Monarchie S. 488) zu der Annahme verführen, Kaiser Marthias habe die Erbverbrüderung bestätigt. — Am 30. März unterzeichneten die Fürsten einen zweiten Nebenabschied, in welchem ausführliche Bestimmungen getroffen wurden über folgende Punkte: 1. über das Ausschreiben zu weitern Erbverbrüderungstagen, 2. über die Sitzplätze und Unterschriften der nicht regierenden Herrn. 3. über die Eidesleistung, 4. wer für einen regierenden Herrn und wer für einen nicht regierenden zu halten sei, 5. über die zu den Erbverbrüderungstagen nicht erscheinenden Herrn. Der Wortlaut bei Moser a. a. O. S. 70 u. ff.
156) Dresb. St.=Arch. Erbeinung u. s. w. Ander Buch 1614—1627. Fol. 54.
157) Gleichlautend mit der Erneuerung von 1587. Müller Reichstagth. I. S. 584.

ben günstigen Moment gefunden zu haben, um die kaiserliche Bestätigung der sächsisch-brandenburgisch-hessischen Erbverbrüderung zu erhalten. Er richtete am 30. März dieses Jahres ein dahingehendes Gesuch an den Kaiser; aber auch jetzt erfolgte eine abschlägige Antwort. [158])

In späterer Zeit wollten einige Schriftsteller eine kaiserliche Confirmation der Erbverbrüderung in dem Artikel 79 des Prager Friedens, der im Jahre 1635 zwischen dem Kaiser und Kursachsen geschlossen wurde, finden. [159]) Derselbe lautet: „Solle auch dadurch der dreyen chur- und fürstlichen Häuser Sachsen, Brandenburg und Hessen uralte, von den römischen Kaysern confirmirte Einigung und Erbverbrüderung unbeschadet sein." [160]) Aber abgesehen davon, daß der Kaiser ohne Zustimmung der Churfürsten nicht befugt gewesen wäre, die Erbverbrüderung zu confirmiren, so ist auch in diesem Artikel von einer Bestätigung gar nicht die Rede, sondern nur die Bestimmung wird darin getroffen, daß den schon früher bestätigten Verträgen kein Abbruch geschehen soll. Soweit solche Verträge also noch nicht bestätigt sind, fällt mit dem vorausgesetzten Grund der Anerkennung auch diese selbst hinweg. —

Auf dem Westphälischen Friedenscongreß zu Osnabrück wurden lange Verhandlungen über die Bestätigung der Erbverbrüderung der drei Häuser geführt. Aber einer Seits konnten die evangelischen Fürsten sich nicht mit den katholischen einigen über die Form, in welcher in dem Friedensinstrument die kaiserliche Confirmation ausgesprochen werden solle; anderer Seits erklärten die kaiserlichen Gesandten, die ganze Sache gehöre nicht in den Friedensvertrag. Die schon früher

---

158) Gesuch des Kurfürsten. Dresb. St.-Arch. (Was wegen der Renovation der Erbverbrüderung geschehen 1718 Fol. 6). In einem spätern Schreiben des Kurfürsten heißt es: der großen mit Darsetzung Leibes und Lebens, Land und Leuthe, auch so vieler Millionen Geldes erreichten meritorum unerachtet, haben Wir eine sehr kaltsinnige und in der That so gut als abschlägige Antwort bekommen. (a. a. O. Fol. 9).
159) z. B. Haselberg a. a. O. S. 28.
160) Koch Sammlung der Reichsabschiede. (Frankfurt 1747) Bd. II. S. 546.

bestätigten Erbverbrüderungen werde der Kaiser von Neuem gerne bestätigen; über die Bestätigung neuer Erbverbrüderungen eine Erklärung zu geben, dazu hätten sie keine Vollmacht. [161]) Graf Trautmannsdorf soll übrigens ganz offen gesagt haben, der Kaiser würde nimmermehr seinen Consens dazu geben, daß die Gebiete der drei Häuser unter Ein Haupt kämen, weil dieses der kaiserlichen Macht im Reich dermaleinst die Wagschaale halten könnte. [162]) So wurde trotz der vielen Verhandlungen auch bei dieser Gelegenheit kein Resultat erzielt. —

Von großer Wichtigkeit für den rechtlichen Bestand der Erbverbrüderung der drei Häuser scheint ihrem Wortlaut nach die Wahlcapitulation des Kaisers Leopold I. vom Jahre 1658, Artikel 6 zu sein, der folgender Maßen lautet: „Wie Wir denn auch, die vor diesem unter ihnen (den Reichsfürsten) den Reichsconstitutionibus gemäß gemachten Uniones, gleicher Gestalt zuvorderst aber die unter Churfürsten, Fürsten und Ständen aufgerichteten Erbverbrüderungen hiemit confirmiren und approbiren." — Ueber die Auslegung dieses Artikels herrschte unter den Reichsjuristen des vorigen Jahrhunderts heftiger Streit. Sind hierdurch alle Erbverbrüderungen, die vor dem Jahre 1658 unter mehrern reichsständischen Häusern abgeschlossen worden, rechtsgiltig geworden oder hat sich der Kaiser bloß seines Rechtes begeben, dieselben zu confirmiren, so aber, daß der Consens der Kurfürsten doch erst eingeholt werden muß? Gehört zu einer den Reichsconstitutionibus gemäß gemachten Erbverbrüderung die Zustimmung des Kaisers und der Kurfürsten oder nicht? Hat der Kaiser sein Recht zu bestätigen nur als Kaiser aufgegeben, oder auch als Lehnsherr? [163])

---

161) Die Verhandlungen bei Moser Staatsrecht Bd. XVII. S. 72 u. ff. (nach Meiern Acta Pacis Westphal.) Vgl. hierzu noch Pfaffendorf Rerum Succ. Lib. XX. § 107 (1686 p. 819) Ludolf historische Schaubühne II. c. 151.

162) Schweder theatrum praetensionum (ed Glafey 1727) Bd. I. S. 437 Bd. II. S. 433.

163) Daß die sächsisch-brandenburgisch-hessische Erbverbrüderung durch diesen Artikel rechtskräftig geworden sei, behaupten: Limnaeus Jus Publ. Imp. Addit. ad

Aus den Wahltagsprotocollen geht nun aber deutlich hervor, daß den Kurfürsten nichts ferner lag, als ihre Rechte durch diesen Artikel zu schmälern; im Gegentheil konnte durch ihn höchstens das Recht des Kaisers beschränkt werden. An diesem Sachverhalt wurde auch nichts geändert, als in der Wahlcapitulation des Kaisers Karl VI. von 1711 statt des Artikels 6 in dem Art. I. § 9 das Versprechen des Kaisers aufgenommen wurde, „daß er die sowohl vor als nach dieser Wahlcapitulation gemachten oder noch in Zukunft zu machenden den Reichsgesetzen gemäßen Uniones, insbesondere aber die Erbverbrüderungen auf gebührendes Ansuchen ohne Weigerung und Aufenthalt in beständiger Form confirmiren wolle." — Hierdurch war die Bestimmung der Leopolbinischen Wahlcapitulation auch auf die spätern Erbverbrüderungen ausgedehnt, nur daß für diese wenigstens eine formelle kaiserliche Genehmigung und ein bearrtiges Gesuch verlangt wurde. Dem Kaiser aber wurde das Recht entzogen, die Bestätigung zu verweigern.[165]) Daß

IV. c 8 § 166 p. 303. Bodinus De Pacto Confratern. Saxo-Brandd-Hass. (Halae 1708) § 15. Schweder a. a. O. Bd. I. S. 437. Ittor De foudis Imperii (1685) c. XVII. § 11 p. 780. Brautlach Epitome Jurispr. publ. (1688) p. 45. Myler ab Ehrenbach De principibus et Statibus Imperii Rom. Germ. (1685) p. 264. Struve Corpus Jur. Publ. p. 1201 u. a. m. Von den Neuern hält allein Maurenbrecher diese Ansicht fest: Grundsätze des deutschen Staatsrechts (1837) S. 462. Die entgegengesetzte Ansicht wurde hauptsächlich vertheidigt von J. J. Moser Staatsrecht Bd. XVII. S. 163. Familien=Staatsrecht Bd. I. S. 1018. Rechtsmaterien Bd. XVII. S. 212 u. ff. Ihm folgen die meisten spätern Schriftsteller: Leist, Lehrbuch des teutschen Staatsrechts S. 130. Häberlin Handbuch Bd. III. S. 319. Zachariae deutsches Staats= und Bundesrecht Bd. I. S. 382 u. f. d.

164) Auszüge aus den Wahltagsprotocollen bei Moser a. a. O. Bd. XVII. S. 163 u. ff.

165) Moser Rechtsmaterien Bd. XVII. S. 212: „So groß der Unterschied zwischen der Wahlcapitulation von 1658 und der von 1711 zu sein scheint, so wenig bedeutend ist er, weil die Confirmation ohne Weigerung und Aufenthalt geschehen soll; sondern da stecket der Knoten, daß sowohl in der Leopolbinischen, als in der neuern Wahlcapitulation die Confirmation auf die benen Reichsconstitutionen gemäßen Erbverbrüderungen eingeschränket wird; und darum sagt die Leopolbinische nicht mehr zum Besten der Reichsstände, als die neuste und diese nicht weniger als die Leopolbinische." —

aber unter einer „denen Reichsconstitutionibus gemäß gemachten Erbverbrüderung" nur eine solche verstanden wurde, welche den Consens der Kurfürsten erhalten hatte, geht deutlich aus den Wahlcapitulationsprotocollen von 1741 hervor. Kursachsen hatte den Vorschlag gemacht, in die betreffende Stelle der Wahlcapitulation nach dem Worte „Erbverbrüderungen" zu setzen: „Wann gleich darüber bishero keine besondere Bestätigung gesucht oder erlangt worden." Dagegen machte Kur=Trier geltend: Um nicht gegen Artikel II. § 4 der Wahlcapitulation anzustoßen und keine Zweideutigkeit zu veranlassen, sei es bei dem Texte zu belassen. In Art. II. § 4 wird aber die Zustimmung der Kurfürsten bei der Wiederverleihung heimgefallner Reichslehen erfordert. Kursachsen erklärte hierauf, der Antrag habe nicht im geringsten die Absicht, dem Art. II. zu nahe zu treten. Jedoch wurde der ganze Vorschlag abgelehnt.[166] — Auch haben weder Kurfürst Johann Georg II. von Sachsen noch Kurfürst Friedrich Wilhelm von Brandenburg, die bei der Abfassung der Leopoldinischen Wahlcapitulation betheiligt waren, die Ansicht gehabt, daß durch sie die sächsisch=brandenburgisch=hessische Erbverbrüderung rechtskräftig geworden sei. Vielmehr kamen beide Fürsten im Jahre 1663 zu Torgau zusammen, um sich über die Mittel und Wege zu besprechen, auf denen die Bestätigung der Kurfürsten und des Kaisers zu erlangen wäre.[167] Während der nächsten hundert Jahre wurden überhaupt fast fortwährend mit nur kurzen Unterbrechungen Verhandlungen zwischen den drei Häusern geführt, um die kaiserliche Bestätigung nachzusuchen und endlich die Erbverbrüderung zur Perfection zu bringen.[168] Bemerkens=

---

166) Moser Staatsrecht Bd. XVII. S. 170.
167) Dresb. St.=Arch. Erbverbrüderung zwischen Sachsen, Brandenburg und Hessen 1647—1711. Fol. 101.
168) Die Correspondenzen und Verhandlungen im Dresb. St.=Arch. (Miscellanea historica Bd. I. Fol. 118 u. ff. Erbverbrüderungen 1647—1711. Die Renovation der Erbverbrüderung betreff. 1703. Was wegen der Renovation vorgegangen u. s. w. 1718.) Einzelne Schreiben in Bezug auf diese Verhandlungen bei Hellfeld Beyträge Bd. I. S. 132--139.

werth ist, daß seit der Zeit ungefähr, wo Kurfürst Friedrich August von Sachsen die polnische Krone angenommen (1697), die kursächsische Regierung eine entschiedne Abneigung zeigt, auf Unterhandlungen mit Brandenburg in Betreff der Erbverbrüderung einzugehen. Besonders deutlich tritt dies im Anfang des 18. Jahrhunderts hervor, wo kaum ein Jahr vergeht, ohne daß, sei es von preußischer, sei es von hessischer Seite, bei dem kursächsischen Hofe eine Erneuerung der Erbverbrüderung und der Vorschlag, die kaiserliche Confirmation nachzusuchen, in Anregung gebracht wird. Die Gutachten des Geheimen Consiliums zu Dresden aber lauten immer dahin, die Verhandlungen so viel wie möglich in die Länge zu ziehen und bei erster Gelegenheit wieder abzubrechen.[169] Im Jahre 1713 fand sogar eine Conferenz zwischen den sächsischen Geheimen Räthen Bernhard von Zech und Alexander von Seebach und dem preußischen Rath von Plotho zu Leipzig statt (14. Januar), die aber ebenfalls zu keinem Resultat führte. Von preußischer Seite wurde dabei behauptet, in der kaiserlichen Bestätigung der Erbverbrüderung mit Pommern von 1574 und in der Wahlcapitulation von 1658 sei auch die Bestätigung der sächsisch-brandenburgisch-hessischen Erbverbrüderung enthalten. Darin aber, daß die Kurfürsten die Wahlcapitulationen von 1658 und 1711 aufgerichtet hätten, liege schon eo ipso ihre Zustimmung zu den dadurch vom Kaiser bestätigten Erbverbrüderungen. Von sächsischer Seite wurden diese Anführungen mit den besten Gründen bestritten und eine Einigung kam nicht zu Stande.[170] —

Im Jahre 1718 wurde von Preußen und Hessen-Cassel besonders deßhalb eifrig auf eine Erneuerung der Erbverbrüderung gedrungen, um bei dieser Gelegenheit nach erfolgtem Religionswechsel des Kur-

---

[169] Gutachten des Geheimen Consilii vom 30. August 1703 (die Renovation betreff. 1703 Fol. 191), vom 9. Dezember 1707 (a. a. O. Fol. 238) von 1722 (die Renovation betreff. 1718 Fol. 59) u. a. m.

[170] Dresb. St.-Arch. (Die Renovation betreffend 1703 Fol. 306 u. ff.)

prinzen auch Artikel zur Sicherstellung der protestantischen Kirche in Sachsen zu erwirken.[171]) In den Zeiten der Noth berief sich allerdings auch Kursachsen Preußen gegenüber auf die Erbeinigung und die Erbverbrüderung; so besonders im Jahre 1706, als Sachsen in dem nordischen Kriege von Preußen Hilfe und Unterstützung verlangte (22. Februar 1706). Preußen antwortete, es sei sich der aus der Erbverbrüderung fließenden Pflichten sehr wohl bewußt; jedoch bevor es dieselben erfüllen könne, müsse es zunächst verlangen, daß die Erbverbrüderung erneuert und auf die jetzige Zeit etwas mehr applicirt werde. Darauf aber wollte Sachsen nicht eingehen. Es verzögerte seine Antwort und meinte schließlich, eine Erneuerung der Erbverbrüderung möge bei andern Mächten apprehension erwecken. (10. Dezember 1707).[172] — Nach dem Dreßdner Frieden (1745) trug Friedrich der Große Sachsen einen Allianz- und Garantietractat an und machte zugleich den Vorschlag, die Erneuerung der alten Erbverbrüderung wieder anzuregen und zu gelegner Zeit zur Ausführung zu bringen. Die sächsische Antwort lautete ablehnend: die Erneuerung der Erbverbrüderung erfordere wegen der sich dabei ereignenden Punkte zu viel Zeit; den Allianzvertrag aber könne Sachsen in Folge des Bündnisses mit Rußland nicht ohne Vorwissen und Gutbefinden des russischen Cabinets schließen.[173]) —

Trotz alle dem glaubte jedoch das Berliner Cabinet im 18. Jahrhundert fortwährend oder gab sich wenigstens den Anschein zu glauben, daß die Erbverbrüderung zwischen den drei Häusern unzweifelhaft zu Recht bestehe. So beschwerte sich der preußische Minister Graf Finkenstein im Jahre 1769 bei dem sächsischen Gesandten zu Berlin und gab

---

171) Renovation betreff. 1718 Fol. 18. 29 u. f.
172) Dresb. St.-Arch. Erbverbrüb. 1647—1711 Fol. 230—259.
173) Dresb. St.-Arch. (Der von dem Könige in Preußen nach dem Dreßdner Friede angetragene Garantie- und Freundschaftsvertrag 1746. 1747). Preußische Depesche vom 16. März 1747. Sächsische Antwort vom 31. März 1747.

ihm sein Befremden darüber zu erkennen, daß bei der sächsischen Erbhuldigung (nach dem Tode Friedrich Augusts II. 1769) das Haus Hessen und die mit ihm geschloßne Erbverbrüderung erwähnt worden sei, nicht aber das Haus Brandenburg.¹⁷⁴) In einer Note erwiederte das sächsische Cabinet, das Formular des Huldigungseids stehe seit Jahrhunderten fest; übrigens werde bei der Huldigung in Brandenburg des Hauses Sachsen auch nicht gedacht.¹⁷⁵) In einer weitern Note wird darauf hingewiesen, daß Preußen gar keinen Anspruch machen könne, in der Erbhuldigung erwähnt zu werden, da die Erbverbrüderung von dem Kaiser nicht bestätigt worden, also nicht rechtsgiltig geworden sei. Hierauf ließ Preußen die Sache fallen.¹⁷⁶)

Jedoch auch von brandenburgischer Seite ist niemals die Behauptung aufgestellt worden, Erbverbrüderungen bedürften überhaupt zu ihrer Giltigkeit der kaiserlichen Bestätigung nicht. Immer stützte man sich nur darauf, daß in den Wahlcapitulationen die Bestätigung enthalten sei. Dagegen wurden im 18. Jahrhundert einzelne Stimmen laut, welche aus der Natur des deutschen Reichslehen zu beweisen suchten, daß zur Giltigkeit einer Erbverbrüderung weder die Zustimmung der Kurfürsten, noch die Bestätigung des Kaisers von Nöthen seien. Die einen begründeten ihre Ansicht damit, daß in den Reichsgesetzen sich keine ausdrückliche Bestimmung über die Bestätigung der Erbverbrüderungen fände. Da aber nach der Verfassung des deutschen Reichs die Vermuthung für die Unbeschränktheit der Landeshoheit und die Improprietät der Reichslehen spreche, so könne ein kaiserliches Bestätigungsrecht nicht behauptet werden.¹⁷⁷) Jedoch das Falsche und

---

174) Dresd. St.-Arch. (Die Renovation der Erbverbrüderung betreff. 1718) Bericht des sächsischen Gesandten 17. April 1769 Fol. 70.
175) Bericht des Gesandten 8. Mai 1769 a. a. O. Fol. 72.
176) Bericht des Gesandten 28. Juli 1769 a. a. O. Fol. 90.
177) v. Göbel Dissertatio de Juribus imper. majestat. (1718) p. 66.: Nec praecise ad confraternitatum pacta consensum Imporatoris requiri puto, cum in legibus Imperii nihil hac de re specialim determinatum sit, etc. —

Unwahre dieser Beweisführung lag so sehr auf der Hand, daß ihr, so weit wir sehen, Niemand zu folgen wagte. Nach der Meinung anderer sollten die deutschen Reichslehen nicht mehr als Lehen betrachtet werden können, sondern die Umwandlung derselben in Allodien sollte sich bis zu dem Grade vollzogen haben, daß von einer Anwendung lehnsrechtlicher Bestimmungen nicht mehr die Rede sein könne.[178]) Allerdings ist es wahr, locker war das Band geworden, durch welches die Lehnsverfassung des deutschen Reichs die großen Reichsfürsten mit Kaiser und Reich verknüpfte, aber gelöst war es nicht. Wie selbstständig auch die großen Reichsfürsten geworden waren, sie waren immer noch Vasallen des Kaisers geblieben. In den wichtigsten Fällen stand nach unzweifelhaftem Rechte dem Kaiser die bedeutendste Einwirkung auf die Reichslande zu und wenn diese Einwirkung in solchen Fällen nicht ausgeübt wurde, so lag es nicht an dem mangelnden Rechte, sondern an der mangelnden Kraft. Das ist unbestreitbar, daß, solange die Reichsverfassung noch bestand, die Verfügung über heimgefallene Lehen (und im Grunde ist dies ja der Kern der Erbverbrüderungen) dem Kaiser und Reich zustand.[179]) Mit Aufgabe dieses Rechtes wäre in

---

178) Horn in Schmincke Monumenta Hass. Bd. III. S. 83 u. ff. Bodinus (De Pacto Confrat. Saxo Brandenb. Hass. § 14), auf den er sich beruft, theilt seine Ansicht keineswegs, sondern verlangt ausdrücklich kaiserliche Bestätigung. Auch der in der Ausdehnung der landesherrlichen Machtvollkommenheit meist sehr weit gehende Textor (De rat. Stat. Germ. c. VII. p. 155,) läugnet die Nothwendigkeit der kaiserlichen Bestätigung nicht. —

179) Ueber die unbedingte Nothwendigkeit der kaiserlichen Bestätigung zur Giltigkeit der Erbverbrüderungen sprechen sich Sachsen und Hessen in einem die sächsisch-hennebergische Erbverbrüderung betreffenden Vertrag von 1554 folgender Maßen aus: Würde aber an solcher Kayserlicher oder Kuniglicher Majestät Confirmation — Mangel fürfallen vnd vber angewandten Vleiß nicht erhalten werden können, als dann vnd auff solchen Fall solcher Vertragk, Abrede, Veraynigung gentzlich tob, ab, nichtigk, vnd erloschen sein vnd solchs vnnd nach volgender, hochbewegender Vrsachen willen, damit es nicht angesehen werden muge, als hetten Wir als des Heiligen Römischen Reichs Vasalli, Lehnsfürsten vnd Mitglieder vnsere von dem heiligen Reich zu Lehen tragende Regalien, Herschafften vnd Lehenschafften der Römischen Kayserlichen vnd Kuniglichen Majestät, auch des heiligen Reichs Hoheit vnd Ober Lehnsge-

der That der letzte Rest der Oberlehnsherrlichkeit dahin gegeben worden.[180]) Auch sind die Anhänger der Meinung, wonach dies schon geschehen sei, ganz vereinzelt geblieben und die richtige Ansicht hat, wie dies bei dem klaren Wortlaut der Reichsgesetze nicht anders möglich war, durchaus die Herrschaft behauptet.[181] —

Nach unsern bisherigen Auseinandersetzungen wird darüber kein Zweifel mehr herrschen, daß bis zur Auflösung des deutschen Reichs die Erbverbrüderung zwischen Sachsen, Brandenburg und Hessen rechtliche Giltigkeit nicht erlangt hatte. Der Entwurf der Erbverbrüderung, über den man sich in den Jahren 1587 und 1614 geeinigt, konnte höchstens dem Versprechen gemäß, das die Parteien darin sich gegenseitig geleistet hatten, die persönliche Verpflichtung erzeugen, für diesen Entwurf die kaiserliche und kurfürstliche Genehmigung nachzusuchen. Eine Veräußerung der Lehen steht den Vasallen in keiner Weise zu; sie wird keineswegs erst durch den Widerspruch des Lehnsherrn rückgängig gemacht, sondern ist von Anfang an null und nichtig.[182] Auch wurden die erwähnten Entwürfe weder von den Fürsten beschworen, wie es bei den rechtsgiltigen Erbverbrüderungen Sitte war, noch haben die beiderseitigen Unterthanen zu einer Erbhuldigung in Bezug auf die Erbverbrüderung angehalten werden können. Die Auflösung des

---

rechtigkeiten zu Verkleynerungen vnd Abbruch, auch unsern Lehnspflichten — nach vnserm freien vnd willkorlichem Gefallenn veränbern wollen, welches Wir doch keinesswegs zu thun, gesinnet sein (in Arndt Archiv der sächs. Geschichte Bd. II. S. 478).

180) So sagt auch Severinus de Monzambano (S. Pfuffendorf) De Statu Imp. Germ. c. III. § 3: pactis illis (confraternitatum) potestas imperatoris quam in ditiones principum tamquam dominus feudi obtinet, penitus eluditur.

181) Pütter (Beyträge zum teutschen Staats- und Fürstenrecht Bd. II. S. 209) sagt: daß über Reichslehen keine Erbverbrüderung mit einem zur Lehnsfolge nicht berechtigten Hause geschlossen werden könne, ohne kaiserliche Genehmigung darüber zu haben, — hat seine unwidersprechliche Richtigkeit.

182) II. feud. 55: Nos autem — non solum in posterum, sed etiam hujus modi alienationes illicitas hactenus perpetratas hac praesenti sanctione cassamus et in irritum deducimus, nullius temporis praescriptione impediente, quia quod ab initio de jure non valuit, tractu temporis convalescere non debet.

Lehnsverbandes und die Erlangung der vollen Souveränität durch die Fürsten konnte aber in keiner Weise einem solchen Entwurfe Rechts=
giltigkeit verschaffen. Wir vermögen in der That nicht einzusehen, wo hierbei das rechtliche Moment liegen könnte, das einen fast zweihundert Jahre alten Entwurf plötzlich zu einem perfecten Vertrag umzuwandeln im Stande wäre. Auch von einer heute noch bestehenden Verpflichtung der drei Häuser eine Erbverbrüderung abzuschließen, kann selbstverständ= lich keine Rede mehr sein.

Die Anhänger der Ansicht, daß durch die Auflösung des deutschen Reiches Erbverbrüderungen, welche von dem Kaiser nicht bestätigt worden, rechtskräftig geworden seien, führen irgend welchen Rechtsgrund für diese abnorme Annahme nicht an.[183]) Heut zu Tage können freilich die drei Häuser in den verfassungsmäßigen Formen eine Erbverbrüder= ung abschließen,[184]) aber bestanden hat zwischen ihnen niemals eine

---

183) Der Erste, welcher diese Ansicht, wenn auch noch in unentschiedner Weise, aufgestellt hat, ist wohl J. U. Röber Archäologie der teutschen Lehnsverfassung (1806) Vorrede S. 21. Angenommen ist sie ferner worden von Schmalz deutsches Staats= recht (1825) S. 177: Die Erbverbrüderung muß jetzt als giltig erscheinen, auch wenn die lehnsherrliche Einwilligung nicht erfolgt wäre. Beseler Erbverträge Bd. II. Abth. II. S. 106: „In sofern die Erbverbrüderungen wegen mangelender kaiserlicher Con= firmation nicht fest begründet erscheinen, können sie durch das Wegfallen des Ober= lehnsherrn noch an Kraft gewonnen haben."
184) Nach Ch. E. Weiße (Lehrbuch des Königl. Sächs. Staatsrechts Bd. II. S. 552) soll bei den Verhandlungen über Errichtung eines norddeutschen Staaten= bundes im Jahre 1806 Preußen auf Erneuerung der alten Erbverbrüderung ange= tragen haben. Jedoch scheint dies nicht der Fall gewesen zu sein. Vielmehr wurde von sächsischer Seite das von Preußen angetragne Bündniß als eine Erneuerung der alten Erbeinigung betrachtet. (S. Sächsische Depesche vom 30. Juli 1806 bei Schmidt Geschichte der preußisch=deutschen Unionsbestrebungen S. 455. Sächsische Erklärung vom 24. August 1806 bei Pölitz, die Regierung Friedrich August I. von Sachsen Bd. I. S. 283.) Wenn auch öfter der Ausdruck „Erbverbrüderung" in den diplomatischen Depeschen gebraucht ist, so beruht dies doch nur auf einer Ver= wechslung mit Erbeinigung, wie sowohl aus dem Zusammenhang hervorgeht, als auch aus dem sächsischen Gegenproject vom 5. September gegen den Preußischen Allianzvertrag, worin gesprochen wird: „von der Erneuerung und Erläuterung der im Jahre 1614 abgeschlossenen Erbeinigung." (Schmidt a. a. O. S. 521).

solche. ¹⁸⁵) Bei dieser Sachlage können natürlich auf die uns beschäftigenden Fragen keinen Einfluß haben die Bestimmungen des Tilsiter Friedens, wodurch der König von Preußen auf alle ihm zustehenden Rechte an die auf dem linken Elbufer gelegnen Staaten verzichtete und alle mit diesen Staaten geschlossnen Verträge für aufgehoben erklärte; ¹⁸⁶) noch auch der Pariser Friede von 1814, ¹⁸⁷) wodurch wiederum der Tilsiter Friede aufgehoben wurde, noch die Preußische Verfassung, welche die Preußische Monarchie als eine untheilbare ansieht und so dem Entwurfe der Erbverbrüderung widerspricht. ¹⁸⁸)

In voller rechtlichen Geltung dagegen steht heute noch wie vor bald 400 Jahren die Erbverbrüderung zwischen den Häusern Sachsen und Hessen. Zwar fand seit 1614 keine Erneuerung mehr statt. Zu mehrern Malen wurde eine solche von hessischer oder herzoglich sächsischer Seite angeregt, aber immer traten Hindernisse verschiedner Art entgegen, so daß das Vorhaben nicht zur Ausführung gelangte. Auch wurde seit 1614 die Erbverbrüderung von den jungen Prinzen nach zurückgelegtem 14. Jahre nicht mehr beschworen, wie es die Erbver-

---

185) Von preußischen Schriftstellern wird vielfach fälschlicher Weise angenommen, die Erbverbrüderung bestehe zu Recht; so von Lancizolle Geschichte der Bildung des Preuß. Staats Bd. II. S. 634. Ohnesorge Geschichte des Entwicklungsgangs der Brandenb. Preuß. Monarchie S. 489. Rönne Preußisches Staatsrecht (2. Aufl. 1864) Bd. I. Abth. I. S. 136 u. a. m.

186) Friede von Tilsit vom 9. Juli 1807: Art. 10: Sa Maj. le Roi de Prusse pour lui, ses héritiers et successeurs renonce à tout droit actuel ou éventuel qu'il pourroit avoir ou prétendre — sur celles des possessions de Sa Maj. le Roi de Saxe — qui se trouvent à droit de l'Elbe. Art. 11: Tous pactes, conventions ou traités d'alliance patens ou secrets qui auraient pu être conclus entre la Prusse et aucun des états situés à la gauche de l'Elbe, demeureront sans effet et seront reputés nuls et non convenus.

187) Article additionel au traité avec la Prusse: Les hautes parties contractantes ont jugés à propos de déclarer expréssement que le traité de Tilsit cesse d'être obligatoire pour tous ses articles tant patens que secrets.

188) Zwar erklärt die Preußische Verfassung nicht ausdrücklich das Staatsgebiet für untheilbar; aber dieser Grundsatz ergibt sich indirekt aus den Artikeln 2 und 53. Vgl. Rönne Preuß. Staatsr. Bd. I. Abth. I. S. 127.

brüderung vorschreibt.¹⁸⁹) Aber hierdurch kann in keiner Weise der Rechtsbestand der Erbverbrüderung alterirt werden. Auch wurde sie fortwährend von Kaiser und Reich anerkannt; in den kaiserlichen Lehn=briefen wird sie ausdrücklich bestätigt;¹⁹⁰) die Reichsgerichte erklären ausdrücklich ihre Giltigkeit.¹⁹¹) Die Erbhuldigung wurde wenigstens von den Vasallen bis in das 19. Jahrhundert geleistet,¹⁹²) und wenn auch jetzt die die Erbverbrüderung betreffende Formel wegge=lassen wird, so kann darin keineswegs ein stillschweigendes Aufgeben der Erbverbrüderung gesehen werden, da die Leistung des Huldigungseides der Vasallen, ebenso wenig wie die Beschwörung derselben durch die Fürsten zu den wesentlichen Erfordernissen der Giltigkeit gehören. Die Auflösung des deutschen Reichs hat, so sehr durch sie der juristische Charakter der Erbverbrüderung umgewandelt worden ist, an den aus derselben entspringenden Rechten und Pflichten nichts geändert. Ob die Erbverbrüderung an und für sich nicht mit der Aufhebung des

---

189) Im Jahre 1650 stellte Hessen=Kassel den Antrag, die Erbverbrüderung von den jungen Fürsten beschwören zu lassen; er blieb jedoch ohne Erfolg (Dresd. St.=Arch. Erbverbrüderungen 1647—1711 Fol. 51). Von einem Bedenken, das in der Mitte des 18. Jahrhunderts Sachsen=Weimar den erbverbrüderten Fürsten über=reichen ließ, und das die Unterlassung des vorgeschriebnen Eids zum Gegenstand hatte, meldet Hellfeld Leben Herzog Johann Ernst des Jüngern von Sachsen=Weimar S. 66.

190) In dem letzten Hauptlehnbrief für die kursächsische Linie, den Kaiser Karl VI. am 20. November 1715 ertheilte, heißt es: item (belehnen Wir) mit der Anwartung und gesammten Lehen der Landgrafschaft zu Hessen und Grafschaft zu Catzenellenbogen mit allen ihren Zugehörungen auff die Bruderschaft, Erbhuldigung und gesammte Lehen." (Röder Archäologie S. 209).

191) Reichshofrathsdekret von 1727 bei Moser Einleitung zum Reichshofraths=prozeß Bd. III. S. 18.

192) Der Lehnseid der kursächsischen Vasallen lautete: „Und (geloben wir) im Fall der ganze männliche Stamm der Kur und Fürsten zu Sachsen Todes abge=gangen und verstorben wäre, (welches doch Gott gnädiglich verhüten und abwenden wolle) den Landgrafen zu Hessen und Ihrer fürstlichen Gnaden männliche Leibes= und Lehnserben: Alles mit Unterscheid hergebrachter Gewohnheit und vermöge Ihrer Kur und Fürstlichen Durchlauchtigkeiten, auch fürstlichen Gnaden allerseits Erbtheil=ung, Erbverbrüderung und obangeregter Kayserlicher Belehnung getreu, hold, gewär=tig und gehorsam sein." Lünig Codex August. t. I. p. 1981.

Reiches und des Lehnsverbands aufgelöst worden sei, könnte zwar allerdings zweifelhaft erscheinen, da sie ihrem wesentlichen Inhalte nach ursprünglich ein lehnrechtliches Institut war und ihre Giltigkeit sich auf das Lehnrecht stützte. Aber nach ausdrücklicher Bestimmung der Rheinbundsakte von 1806 Artikel 34 sollen alle eventuellen Successionsrechte erhalten bleiben (les droits eventuels de succession demeurant seuls réservés). Jedoch blieben der Erbverbrüderung nicht alle von ihr ergriffnen Lande in dem neuen Zustand der Dinge erhalten. Die Gebiete der hessen-kassellischen Linie waren dem hessischen Hause entrissen und zum größten Theil dem neuen Königreich Westphalen einverleibt worden und nach der Verfassung dieses Reiches von 1807 sollte das Königreich nach dem Aussterben der männlichen Erben des Königs Jérome an den Kaiser Napoleon und dessen Erben fallen.[193]) — Dagegen blieb die Erbverbrüderung mit dem hessischen Hause in Betreff der der hessen-darmstädtischen Linie verbliebnen Länder in ununterbrochener Giltigkeit. Zwar wurde seit Auflösung des deutschen Reichs in Hessen-Darmstadt von den Vasallen nicht mehr eine eventuelle Huldigung für das Haus Sachsen geleistet,[194]) aber einen Einfluß auf den rechtlichen Bestand wurde diesem Umstand so wenig eingeräumt, daß trotz dem in dem Königreiche Sachsen die alte Huldigungsformel unverändert beibehalten wurde. Auch der Zusammensturz der napoleonischen Schöpfungen und die Gründung des deutschen Bundes ließen das Fortbestehen der Erbverbrüderung unangetastet. Nach unbestrittner Ansicht gelten die früheren Successionsrechte, wie sie durch Artikel 34 der Rheinbundsakte bestätigt worden sind unverändert fort[195]) und nach Wiederherstellung des Kurfürstenthums,

---

193) Verfassung des Königreichs Westphalen Art. 7 (in Winkopp der Rheinische Bund Bd. IV. S. 475).

194) Bericht des Geh. Raths von Leutsch vom 12. März 1811. (Dresb. St.-Arch. Was wegen der Renovation der Erbverbrüderung geschehen. 1718 Fol. 102.)

195) Vgl. Zachariae deutsches Staats- und Bundesrecht Bd. I. S. 187. Zöpfl deutsches Staatsrecht Bd. I. S. 283.

Hessen ist auch dieses wieder in die alte Verbindung eingetreten. Zu verschiednen Malen wurde auch von beiden Seiten die fortdauernde Giltigkeit der Erbverbrüderung anerkannt. Auf eine von königlich sächsischer Seite an den Kurfürsten von Hessen gerichtete Anfrage erklärte dieser (22. November 1818), er halte auch nach der Auflösung des deutschen Reichs jenes Paktum für fortbestehend und habe, nach dem Grundsatze, daß alles in seiner Abwesenheit aus seinen Staaten dort Vorgefallne für ungiltig und nicht geschehen zu achten sei, die eventuelle Huldigung in allen vorgeschriebnen Fällen nach wie vor ableisten zu lassen. [196]) Auch wurde in dem Großherzogthum Hessen die Erbhuldigung der Vasallen in Bezug auf die Erbverbrüderung im Jahre 1814 wieder eingeführt. [197]) Im Königreich Sachsen wurde dagegen späterhin der die Erbverbrüderung betreffende Passus des Huldigungseids der Vasallen in Folge einer Verordnung des Königl. Justizministeriums vom 30. Nov. 1844 aufgehoben. — Sowohl in der Verfassung des Großherzogthums Hessen von 1820 Art. 5, wie in der des Königreichs Sachsen von 1831 § 7 wurde die Erbverbrüderung und das eventuelle Successionsrecht der beiden Häuser anerkannt. [198])

Sowenig wie die Auflösung des deutschen Reichs und des Rheinbundes, ebensowenig haben die Auflösung des deutschen Bundes und die Gründung des norddeutschen Bundes an der rechtlichen Giltigkeit der Erbverbrüderung eine Veränderung erzeugt. Die gesetzmäßige Thronfolgeordnung der einzelnen Staaten ist weder dem Einfluß der ehemaligen deutschen Bundesverfassung noch dem der Verfassung des

---

196) Dresd. St.-Arch. (Die Einrichtung des Formulars bei benen künftigen Verpflichtungen betreffend. Bd. II. Fol. 6).
197) Bericht des sächsischen Geschäftsträgers am Großh. Hessischen Hofe vom 30. November 1818. (Dresd. St.-Arch. a. a. O. Fol. 5). —
198) Verfassung des Königreichs Sachsen § 7: „In Ermangelung eines durch Verwandtschaft oder Erbverbrüderung zur Nachfolge berechtigten Prinzen, geht die Krone auf eine weibliche Linie über." Verfassung des Großh. Hessen Art. 5. „In Ermangelung eines durch Verwandtschaft oder Erbverbrüderung zur Nachfolge berechtigten Prinzen, geht die Regierung auf das weibliche Geschlecht über."

norddeutschen Bundes ausgesetzt. Zwar ist in Folge der Eroberung des Kurfürstenthums Hessen und seiner Vereinigung mit der Preußischen Monarchie dieses Land der Erbverbrüderung entzogen worden. Aber die Rechte der hessen-kasselischen Linie, die aus der Erbverbrüderung entspringen, bleiben ungeschmälert, da sie nicht in der kurhessischen, sondern in den sächsischen Verfassungen ihre Begründung haben.

II.

Dogmatische Erörterungen.

Hat, wie wir gesehen, die rechtliche Giltigkeit der Erbverbrüderung und der aus ihr fließenden Erbfolgerechte allen Veränderungen getrotzt, welche seit vier hundert Jahren die politische Gestaltung Deutschlands und der von der Erbverbrüderung berührten Länder betroffen, so hat dagegen die juristische Natur der Erbverbrüderung sehr wesentlichen Umwandlungen nicht entgehen können. Die im Jahre 1373 von den meißnischen und hessischen Fürsten geschloßne Erbverbrüderung war ihrer rechtlichen Natur nach nichts als ein Vertrag, der den abschließenden Partheien die Verpflichtung auferlegte, vom Kaiser gemeinschaftlich die Belehnung zur gesammten Hand mit ihren beiderseitigen Lehen zu erwirken. Das rechtlich wirksame Moment der Erbverbrüderung kam erst durch die wirklich erfolgte Belehnung zur gesammten Hand hinzu. Im Lauf der Jahrhunderte und in Folge der Entwicklung, welche das Verhältniß der deutschen Fürsten zu Kaiser und Reich durchmachte, trat der lehenrechtliche Charakter immer mehr in den Hintergrund. Die Erbverbrüderung wird, wenn auch nicht dem Namen, so doch dem Wesen nach, ein Erbeinsetzungsvertrag, der die Eigenthümlichkeit hat, daß zu seiner Giltigkeit kaiserliche Genehmigung nothwendig ist. Der Kern dieses Erbeinsetzungsvertrags wird durch das wechselseitige Successionsrecht in die Staatsverlassenschaft des Hauses, das zuerst ausstirbt, gebildet. Hieran schließt sich das Erbfolgerecht in die übrige gesammte Hinterlassenschaft des letzten Fürsten aus dem betreffenden Hause. Bei der durchgehenden Vermengung aber von staats=

rechtlichen und privatrechtlichen Begriffen, welche bis gegen das Ende des 18. Jahrhunderts herrschte, war in der Erbverbrüderung selbst die ganze Hinterlassenschaft als eine einheitliche Vermögensmasse betrachtet worden. Und doch waren in dieser Masse begriffen Lehen und Allodialgüter, staatsrechtliche Befugnisse und privatrechtliche Rechte. Da aber in den größern deutschen Territorien der lehnrechtliche Charakter der deutschen Reichslehn fast gänzlich in den Hintergrund getreten war, das Land dagegen und die Landeshoheit als Gegenstände wohlerworbner Privatrechte betrachtet wurden, so erregte es kein Bedenken, alle in der Hand des Fürsten vereinigten Rechte und Befugnisse als eine Vermögensmasse zu betrachten, die nach privatrechtlichen Grundsätzen vererbt wurde. Jedoch sind bei einer nähern Betrachtung der Erbverbrüderung die rechtlich sehr verschiednen Bestandtheile, die sie umfaßt, auseinander zu halten und die Successionen in Lehen und Allod, in Staats- und Privatverlassenschaft zu trennen. Da die Landeshoheit ihrem wesentlichen Bestande nach aus einzelnen Regalien zusammengesetzt war, die der Fürst von dem Reiche zu Lehen trug, so fiel die Nachfolge in die Lehen und in die Staatshinterlassenschaft zusammen. Die Successionsrechte der erbverbrüderten Häuser in Bezug hierauf waren begründet in der vom Kaiser ertheilten Gesammtbelehnung. Nachdem aber die Lehnsverbindung aufgehoben war, nachdem sich der Patrimonialstaat in einen Verfassungsstaat umgewandelt hatte, mußte sich nothwendiger Weise auch die rechtliche Natur dieses Erbfolgerechts verändern. Nachdem das Recht des Monarchen den privatrechtlichen Charakter völlig abgestreift hat, kann von einem eigentlichen Erbrecht jetzt nicht mehr die Rede sein; der Thronfolger übernimmt die Regierung nicht in Folge einer privatrechtlichen Anordnung, sondern in Folge einer Verfassungsbestimmung, welche die Ordnung, nach der der Eintritt in die Stellung des Monarchen erfolgt, festsetzt.[199]) Beruht diese

---

199) Vgl. Gerber in Aegidis Zeitschrift für deutsches Staatsrecht Bd. I. S. 13. Helb in Aegidis Zeitschrift Bd. I. S. 41 u. ff.

Ordnung auf einer Erbverbrüderung, so wird dadurch an ihrem staats=
rechtlichen Charakter nichts geändert. Sie hat Giltigkeit nicht, weil
ihr die Erbverbrüderung zu Grunde liegt, sondern weil die Erbver=
brüderung ein Theil der Verfassung geworden ist. Von einer Erbver=
brüderung als einem Erbeinsetzungsvertrag kann in staatsrechtlicher
Beziehung heute keine Rede mehr sein. Eine heute noch giltige Erb=
verbrüderung besteht vielmehr aus Verfassungsbestimmungen verschiedner
Staaten. Die Verfassung des Staates A setzt fest, daß nach dem Aus=
sterben des Mannsstamms des regierenden Hauses ein Mitglied des
Hauses B zur Thronfolge berufen sein soll und die Verfassung des
Staats B setzt fest, daß in dem betreffenden Fall ein Mitglied des
Hauses A zur Thronfolge berufen sein soll.²⁰⁰) Diese Umwandlung
zieht aber manche Folgen von großer Wichtigkeit nach sich. Die ein=
zelnen Bestimmungen der Erbverbrüderung können nicht mehr durch
Uebereinstimmung der beiden Häuser allein abgeändert werden. Hierzu
müssen alle Bedingungen, welche die Verfassung zur Abänderung von
Verfassungsgesetzen vorschreibt, erfüllt werden. Vor allem wichtig aber
ist die Frage, in welcher Weise das Erbfolgerecht zur Ausübung kom=
men kann, nachdem der Staat und die Staatsgewalt ihre Natur völlig
geändert haben. Solange die Erbverbrüderung ein lehnrechtliches
Institut war, mußten die Grundsätze über Gesammtbelehnung die
Normen sein, nach welchen sich in dem eintretenden Falle des Aus=
sterbens des einen Hauses die Erbfolgeordnung zu regeln hatte. Wie
oben berührt worden ist, bestand der Kern der Gesammtbelehnung

---

200) Daß diese Bestimmung in der geschriebnen Verfassungsurkunde enthalten
sei, ist nicht nothwendig, da die Erbverbrüderung von dem Fürsten geschlossen wurde
zu einer Zeit, wo dieser (oder vielmehr das fürstliche Haus) in Betreff der Regie=
rungsnachfolge allein die gesetzgebende Gewalt inne hatte. Sie behält deßhalb als
Gesetz so lange Giltigkeit, bis sie in verfassungsmäßiger Weise aufgehoben wird.
Soweit sie die Regierungsnachfolge in dem einen Staate betrifft, wird sie aber auf=
gehoben, wenn die Verfassungsurkunde des betreffenden Staates eine andere Ordnung
der Regierungsnachfolge für den Fall des Aussterbens des regierenden Hauses enthält.

darin, daß die Fürsten, die mit ihren beiderseitigen Lehen zur gesammten Hand gegenseitig belehnt wurden, als gemeinschaftliche Besitzer der beiderseitigen Lehen betrachtet werden sollten. Die Rechte des erbverbrüderten Hauses wurden als sofort bestehend angesehen, nur sollten sie erst zur Ausübung gelangen, wenn das andere Haus ausgestorben wäre. Der Fürst, der die Erbverbrüderung geschlossen, wurde als der erste Erwerber der Lehen des andern Hauses betrachtet und nach gemeinem Reichslehnrecht waren bei dem Falle des Aussterbens des andern Hauses alle seine Nachkommen im Mannsstamme in gleicher Weise zur Erbfolge berechtigt.[201]) Innerhalb des erbberechtigten Hauses hätte diese Successionsordnung in jeder Weise geändert werden können, so weit dadurch nicht Jemanden ein Erbrecht wäre eingeräumt worden, der nicht schon in der Gesammtbelehnung wäre begriffen gewesen. Weder der Kaiser als Lehnsherr [202]), noch das erbverbrüderte Haus hätte Einsprache erheben können. Was nun das sächsische Haus betrifft, so ist zwar jetzt in allen einzelnen Linien die Primogeniturordnung eingeführt, keineswegs ist aber dies in Bezug auf das ganze Haus geschehen und wenn zur Reichszeit ein Fall der Erbverbrüderung eingetreten wäre, so hätten alle Mitglieder des sächsischen Mannsstammes ein gleiches Successionsrecht auf die erbverbrüderten Lande in Anspruch nehmen können. Nach diesem Grundsatz wurde z. B. bei dem Anfall der hennebergischen Lande verfahren. Die Ernestinischen Herzöge hatten im Jahre 1554 eine Erbverbrüderung mit den Grafen von Henneberg

---

201) G. M. Weber Handbuch des in Deutschland üblichen Lehnrechts Bd. IV. (1811) S. 101.

202) Daß zur Einführung einer neuen Successionsordnung in Reichslehen mit der angegebnen Beschränkung die Bestätigung und Zustimmung des Kaisers nicht erforderlich sei, wurde früher sehr bestritten, ist jetzt aber allgemein anerkannt. S. J. J. Moser Staatsrecht Bd. XIII. S. 469 u. ff. Pütter Beyträge zum teutschen Staats- und Fürstenrecht Bd. II. S. 179 u. ff. (Ob reichständige Erbverträge ohne kaiserliche Bestätigung gelten?) Schulze das Recht der Erbgeburt in den deutschen Fürstenhäusern. S. 365.

geschlossen, [203]) die aber auf $7/_{12}$ der Erbschaft beschränkt wurde, nachdem der Kurfürst von Sachsen im Jahre 1573 von dem Kaiser eine Expectanz auf $5/_{12}$ der hennebergischen Besitzungen erhalten hatte. [204]) Als im Jahre 1583 der letzte Graf von Henneberg gestorben war, beschlossen die sächsischen Fürsten, das Land in gemeinschaftlichem Besitz und Regierung zu halten. Erst im Jahre 1660 wurde zur Theilung geschritten. Die $7/_{12}$ der Erbschaft, die zufolge der Erbverbrüderung an die Ernestinische Linie gefallen waren, wurden zu gleichen Theilen nach Köpfen getheilt. [205])

Dagegen deuten einige Nachrichten darauf hin, daß in dem hessischen Hause ein Hausvertrag, die künftige Succession in die sächsischen Lande betreffend, schon frühe abgeschlossen wurde. Die Veranlassung dazu mochte wohl der Umstand geben, daß das eigentliche Herzogthum Sachsen mit der darauf ruhenden Kurwürde reichsgesetzmäßig untheilbar war, die hessischen Fürsten sich also dahin einigen mußten, wem von ihnen die Kurwürde zufallen sollte. Wie wir oben gezeigt haben, ist es sehr wahrscheinlich, daß erst in den Jahren 1521—1525 die Kurwürde und das Herzogthum Sachsen Bestandtheile der sächsisch-hessischen Erbverbrüderung geworden sind. Bei dieser Gelegenheit mag nun in dem hessischen Hause hausgesetzlich festgesetzt worden sein, daß das Herzogthum und die Kurwürde in dem betreffenden Falle dem ältesten Fürsten dieses Hauses zufallen sollten. Wenigstens lautete dahin die Huldigung, welche die Stände des Herzogthums im Jahre 1525 dem Kurfürsten Johann leisteten „ob es sich begebe, das keiner unser

---

203) Die Erbverbrüderung in Arndts Archiv der sächsischen Geschichte Bd. II. S. 450.

204) Lünig Reichsarchiv Pars Spec. Cont. II. S. 370. Vgl. diplomatische Geschichte der Erbfolge des Hauses Sachsen in der Sammlung vermischter Nachrichten zur sächsischen Geschichte Bd. XII. S. 132.

205) Ueber die gemeinschaftliche Regierung S. J. S. Müller Annales S. 184. Der Theilungsreceß vom 9. August 1660 in Glafey Kern der Geschichte des Hauses Sachsen. (4. Auflage 1753) S. 1083.

gnebigsten Herrn, der Herzoge zu Sachsen sein werden, alsdann und ehr nit unserm Herrn Landgraf Philippsen zu Hessen und desselben Mansleibs Lehns Erben als allweg dem eldesten desselben Fürstenthums Hessen u. s. w. zu huldigen."²⁰⁶) Einen Vertrag desselben Inhalts sollen die beiden Linien des hessischen Hauses im Jahre 1628 geschlossen haben. Darnach sollte nach dem Aussterben des sächsischen Hauses der älteste der dann regierenden Landgrafen (qui senior, hoc est natu inter regentes esset major) die Kurwürde und das Herzogthum erben, die übrigen Gebiete aber sollten unter die beiden regierenden Linien zu gleichen Theilen getheilt werden. ²⁰⁷)

Daß die Vertheilung der in Folge der Erbverbrüderung angefallnen Gebiete als eine Angelegenheit betrachtet wurde, welche von der betreffenden Parthei selbstständig und unabhängig von der andern Parthei zu ordnen sei, beweist auch der schon oben erwähnte Vertrag zwischen Sachsen und Hessen vom 9. November 1614,²⁰⁸) welcher in Beziehung auf die damals zwischen Sachsen, Brandenburg und Hessen abgeschloßne Erbverbrüderung Bestimmungen über die Vertheilung der brandenburgischen Lande für den Fall des Aussterbens des brandenburgischen Hauses traf.

In neuerer Zeit ist die Behauptung aufgestellt worden, daß gerade die sächsisch-hessische Erbverbrüderung die Untheilbarkeit der beiderseitigen Staatsgebiete festgesetzt habe, ²⁰⁹) weil es in den Erneuerungsurkunden von 1555 und 1614 heiße: „Die Fürstenthümer, Grafschaften u. s. w. sollen — auf die andere Partey und ihre Leibs Lehns Erben „gäntzlich zumahl" zu Erbe eigen fallen." — Aber es dürfte keinem Zweifel unterliegen, daß die Worte „gäntzlich zumahl", welche von Vehse auf die Untheilbarkeit bezogen werden, nur den Sinn haben,

---

206) Herz. Gesammt-Arch. zu Weimar.
207) Abschied von künftiger Succession, da sich kein Fall in der Erbverbrüderung zeiget. Cassel 17. Januar 1628. Estor Elementa Juris Publ. Hass. p. 63.
208) Siehe oben Note 143.
209) E. Vehse De Pacto Confraternit. Saxo-Hass. (1825) p. 68 sqq.

daß die ganze angegebne Hinterlassenschaft ohne irgend eine Ausnahme im Erledigungsfalle dem andern Hause angefallen sein solle. Vehse führt, um seine Ansicht zu beweisen, mehrere testamentarische Verfügungen und Erbverträge der Fürsten der ernestinischen Linie an, in denen auf jene Worte in der von ihm angegebnen Erklärungsweise Bezug genommen sei. Aber in den meisten von Vehse angeführten Dokumenten findet gar keine Berufung auf die sächsisch-hessische Erbverbrüderung statt, sondern auf die zwischen den einzelnen Linien des sächsischen Hauses geschlossnen Erbverträge.²¹⁰) Auch hätten schon die vielfachen Theilungen, die in dem sächsisch-Ernestinischen, sowie in dem hessischen Hause während des 17. Jahrhunderts Statt gefunden haben, Vehse von der Unrichtigkeit seiner Auslegung überzeugen können. Aber wenn auch in dem einen oder andern Hausvertrag die Erbverbrüderung als Stütze für die Untheilbarkeit des Landes angeführt sein sollte, so wäre hiermit noch nicht im mindesten die Richtigkeit dieser Anführung bewiesen.²¹¹) —

Es entsteht jedoch die Frage, in wie weit die alte Successionsordnung, wie sie in Folge des Reichslehnsrechts für die Erbverbrüderung

---

210) So z. B. in dem von Vehse citirten Testament des Herzogs Ernst des Frommen, des Stifters des Gesammthauses Gotha vom Jahre 1654: „so instituiren und setzen Inhalts unseres Chur- und fürstlichen Hauses Erbverbrüderung Wir zu unsern rechten Erben und Erbnehmern unsere lieben Söhne" u. s. w. Lünig Reichsarchiv Pars Sp. Cont. II. S. 470. Eine Beziehung auf die sächsisch-hessische Erbverbrüderung in Betreff der Untheilbarkeit findet hier gar nicht Statt. Daß Verträge zwischen verschiednen Linien desselben Hauses Erbverbrüderungen genannt werden, findet sich häufig, so z. B. der Erbvertrag der Grafen von Hanau vom Jahre 1610 (Moser Familien-Staatsrecht Bd. I. S. 874).

211) Der Gothaer Erbvertrag, der im Jahre 1641 von den Herzögen Wilhelm, Albert und Ernst geschlossen wurde, könnte allenfalls so aufgefaßt werden, als beruhe er sich für die Untheilbarkeit auf die sächsisch-hessische Erbverbrüderung: So haben Wir mit einander zu theilen eine Nothdurft gefunden, jedoch zum andern mit der Bescheidenheit, daß man dennoch die hernach mit Namen benannten fürnehmen Stücke — in Gemeinschaft behalten, einmüthig mit Rath und That „nach Inhalt der Erbverbrüderung." — Jedoch ist wohl auch hier die Erbverbrüderung auf den vorliegenden Erbvertrag zu beziehen.

maßgebend gewesen, noch für die heutige Succession in die Regierung Giltigkeit beanspruchen kann. Sind nach ihr alle lehnsfolgefähigen Nachkommen des Gründers der Erbverbrüderung zu gleichen Theilen auch erbfolgeberechtigt, so ist anderer Seits der Natur des Verfassungsstaats zufolge sowohl die Staatsgewalt als das Staatsgebiet untheilbar. Aber nicht allein die Natur der Sache, sondern alle geschriebnen Verfassungen [212]) erklären die Untheilbarkeit des Staatsgebiets mit klaren Worten. Es liegt also ein Widerspruch zwischen dem ältern Gesetze über die Regierungsnachfolge — denn als solches ist die Erbverbrüderung anzusehen — und den neuern Staatsgrundgesetzen vor. Da durch die Verfassungen theils ausdrücklich theils stillschweigend als selbstverständlich alle ältern ihnen widersprechenden Gesetze aufgehoben worden sind, so kann es keinem Zweifel unterliegen, daß auch die Erbverbrüderungen, soweit ihre Bestimmungen den neuern Verfassungen widersprechen, aufgehoben sind. Auch die in der Erbverbrüderung begründeten Rechte zur eventuellen Thronfolge können nicht anders betrachtet werden als gesetzmäßige Bestimmungen der Thronfolgeordnung; keineswegs aber als Ansprüche, die über und außerhalb des Staats und seiner Ordnung stehen. Wenn der Staat ein in sich selbst ruhender, unabhängiger Organismus ist, so kann die Ordnung seines Lebens nicht mit unabänderlicher Nothwendigkeit gebunden sein an Bestimmungen, welche getroffen wurden, als es einen Staat im heutigen Sinne noch gar nicht gab. Wenn der Fürst nicht mehr außerhalb der Ordnung des Staates steht, wie könnte behauptet werden, daß die Ansprüche von Personen, die selbst nicht Mitglieder des Staates sind, über jener Ordnung stehen. Und nicht allein um ein starres Festhalten oder Aenderung der Staatsverfassung handelt es sich, sondern um die Existenz des Staates selbst. Bildet der Staat ein einheitliches Ganzes

---

212) Verfassung des Königreichs Sachsen. § 1: Das Königreich Sachsen ist ein unter einer Verfassung vereinigter, untheilbarer Staat. Weimar. Grundgesetz § 1, Altenburg Grundgesetz § 1, Coburg-Gotha § 1, Meiningen § 1, Hessen-Darmstadt § 1.

Dogmatische Erörterungen.

auf Grundlage des Staatsgebiets, so kann dieses auch nicht getheilt werden, ohne daß der ganze Organismus des Staats zerstört wird, daß der Staat, der bis jetzt bestanden, zu existiren aufhört. Gebietet also die Natur des Staates seine Untheilbarkeit, während Ansprüche, die in früherer Zeit begründet worden, seine Theilung fordern, so werden eben diese Ansprüche, so weit sie mit der Verfassung unvereinbar sind, hinfällig und bleiben in formell giltiger Weise aufgehoben, mag auch die Art und Weise, wie sie aufgehoben worden, billig oder unbillig erscheinen. [213] —

In der verfassungsmäßigen Staatsordnung erscheint eine Lücke und keine Bestimmung findet sich für den Fall, daß die Thronfolgeordnung mehrere Personen zu gleichem Rechte zur Regierungsnachfolge beruft. Da eine gemeinschaftliche Regierung der Berechtigten ebenso sehr der Natur der Monarchie widersprechen würde als auch bei dem heutigen politischen Leben als eine Unmöglichkeit zu betrachten ist, so tritt hier ein Fall zu Tage, in dem die frühern in der privatrechtlichen

---

213) Anderer Ansicht ist Zachariae deutsches Staats- und Bundesrecht. (3. Aufl.) Bd. II. S. 593, der sagt: „Auch läßt sich an sich nicht behaupten, daß durch die Bestimmungen der neuern Staatsgesetze die älteren Successionsrechte verschiedner Linien ohne weiteres gebrochen werden könnten. Dieser Grund würde viel zu weit reichen. Er würde das begründete Successionsrecht der Willkür des zeitigen Souveräns Preis geben, wofür sich aus dem Wesen des Staats keine Rechtfertigung gewinnen läßt." — Aber „von einer Willkür des zeitigen Souveräns" kann gar keine Rede sein, da eine Aenderung der Thronfolgeordnung von dem Monarchen ebensowenig einseitig vorgenommen werden kann, wie die Aenderung irgend eines andern Gesetzes. Die Consequenzen des Satzes, daß die Thronfolgeordnung ein Bestandtheil der Staatsverfassung und als solcher wie jede andere Bestimmung der Staatsverfassung auf verfassungsmäßigem Wege zu regeln ist, erscheinen nur dann als unannehmbar, wenn man sich scheut, die Consequenzen daraus zu ziehen, daß der Staat nicht mehr in einem privatrechtlichen Verhältnisse zu dem Fürsten steht. Auch Gerber (a. a. O. S. 19) scheint eine Aufhebung der aus älterer Zeit stammenden Successionsrechte nur dann für unmöglich zu halten, wenn eine Aufhebung nicht im unabweisbaren Bedürfnisse des Staates liegt. Aber auch Zachariae (a. a. O. S. 594) spricht sich entschieden für die Untheilbarkeit des Staats aus. Nur Weiß (deutsches Staatsrecht § 241) und Zöpfl (deutsches Staats- und Bundesrecht Bd. I. § 251) halten noch den alten privatrechtlichen Standpunkt fest.

Auffassung der Monarchenstellung beruhenden Bestimmungen keine Giltigkeit mehr beanspruchen können, neuere aber, die mit der Natur des Staates im Einklang stehen, noch nicht getroffen sind. [214]) Diese Lücke kann natürlich nicht durch eine einseitige Uebereinkunft der Mitglieder des erbverbrüderten Hauses ausgefüllt werden, [215]) sondern nur durch ein verfassungsmäßiges Gesetz. Erlischt der Mannsstamm des regierenden Hauses, ehe ein solches Gesetz erlassen ist, so muß eine Regentschaft eintreten, bis dasselbe zu Stande gekommen sein wird. Analog ist der Fall, wo eine Regentschaft die Regierung übernehmen

---

214) Zachariae (a. a. O. Bd. I. S. 373) sagt: „Es dürfte hinsichtlich der Erbverbrüderten oder Cognaten doch zu behaupten sein, daß ihnen die Succession nur in der Gestalt eröffnet wird, die sie durch die gesetzmäßige Ausübung der Autonomie des regierenden Hauses und der legislativen Gewalt im Staate erhalten hat." Diese Behauptung scheint uns, soweit sie die Erbverbrüderten betrifft, nicht begründet zu sein. Die autonomischen Bestimmungen des regierenden Hauses, sowie die legislativen Festsetzungen beziehen sich nur auf die Successionsordnung in diesem Hause; eine Ausdehnung auf später zur Regierung gelangende Familien kann an und für sich in keiner Weise angenommen werden. In Bezug auf die erbverbrüderten Häuser bestimmen die Verfassungen nur, daß nach dem Erlöschen des regierenden Hauses der Monarch aus ihnen zu berufen sei; über die Persönlichkeit, welche zu berufen ist, sowie über die Successionsordnung seiner Nachfolger erwähnen sie nichts. Auch der Satz der Verfassung des Großh. Hessen § 5: Nach dem Uebergang gilt wieder der Vorzug des Mannsstamms bezieht sich nur auf den Uebergang auf den Weibsstamm. Vgl. auch Gerber a. a. O. S. 20.

215) Die oben erwähnten Hausverträge der hessischen Fürsten können ebensowenig Anspruch auf Giltigkeit machen, wie die Bestimmung des Hausgesetzes des herzoglich Sächs. Coburg-Gothaischen Hausgesetzes vom 1. März 1855 Artikel 9, soweit derselbe sich auf die Erbverbrüderung bezieht: „Wenn einem Prinzen des herzoglichen Hauses nach den Grundsätzen der Sächsischen Hausverfassung durch Erbgangs-, Mitbelehnschafts-, Anwartungs- oder Erbverbrüderungsrecht Land und Leute anfallen, so wird das ihm Angefallne sofort und unmittelbar dem jeweils regierenden Herzoge erworben. Von diesem wird die neue Erwerbung mit den Herzogthümern Coburg und Gotha und nach der für diese in den Artikeln 5—8 vorgeschriebnen Weise in dem Herzoglichen Hause vererbt." Die Mitglieder des herzoglichen Hauses, auf deren Vereinbarung die Grundlagen dieses Hausgesetzes beruhen, haben durchaus kein Recht, die Thronfolgeordnung eines fremden Staates zu bestimmen. Daß die Mitwirkung der Stände zur Festsetzung der Thronfolgeordnung bei der Berufung eines erbverbrüderten Hauses erforderlich ist, behauptet auch Gerber a. a. O. S. 20

muß, wenn der Monarch mit Hinterlassung einer schwangern fürstlichen Wittwe, die möglicher Weise den nächsten Thronfolger zur Welt bringen kann, stirbt. In beiden Fällen ist es noch unbestimmt, wer zur Regierung berufen sein wird, in dem einen Fall hängt die Entscheidung von dem Eintritt einer Geburt, in dem andern von dem Erlaß eines Verfassungsgesetzes ab.

Ist in Folge der Erbverbrüderung und eines dieselbe näher bestimmenden Gesetzes ein Mitglied des erbverbrüderten Hauses zur Regierung berufen worden, so kann der neue Fürst nur die Stellung einnehmen und nur die Befugnisse ausüben, welche von der Verfassung des betreffenden Staats dem Monarchen zugewiesen werden. Daß in der sächsisch-hessischen Erbverbrüderung die Fürsten der beiden Häuser geloben, die Rechte und Freiheiten der Unterthanen aufrecht zu erhalten und zu wahren, ist völlig irrelevant. In dem Verfassungsstaat hat der Monarch gar kein Recht, die Gesetze nicht zu wahren und zu verletzen. Zur Aufrechthaltung der Verfassung ist jeder Monarch verpflichtet, sei der Grund, aus welchem er zum Throne berufen worden, auch welcher es sei.

Hört eines der erbverbrüderten Häuser auf ein regierendes zu sein, indem es in Folge einer Revolution oder einer Eroberung der Regierung und Regierungsnachfolge beraubt wird, so wird dadurch für diesen Staat die Erbverbrüderung und die auf sie gegründeten Verfassungsbestimmungen hinfällig, da die Erbverbrüderung nur auf den Fall des Aussterbens des einen Hauses gerichtet ist. Keineswegs werden aber dadurch die Bestimmungen der Verfassung des andern Staats, in Folge deren die Mitglieder der vertriebenen Regentenfamilie eventuell berufen sind, vernichtet, da die Erbverbrüderung nicht die regierende Familie des betreffenden Staates, sondern die Mitglieder einer bestimmten Familie zur Regierung ruft. —

Wir haben bisher nur den einen Bestandtheil der Erbverbrüderung ins Auge gefaßt, die Nachfolge in die Regierung; aber wie wir schon oben erwähnt haben, erstreckt sich die Erbverbrüderung auch auf die gesammte Privathinterlassenschaft des letzten Fürsten aus dem Mannsstamm des erbverbrüderten Hauses, mag dieselbe nun aus Familienfideicommiß- oder Stammgut oder aus freiem Eigenthum bestehen. Zwar in der Erbverbrüderung von 1373 ist nur die Rede von: „Fürstenthumb vnd Herschafft mit Landen vnd mit Leuten"; und die kaiserliche Bestätigung derselben kann sich nur auf Lehen beziehen. Wenn sich die Bestimmung auch schon findet, daß Pfandschaften, die „Wir durch vnser oder durch vnser Lannde Nutzes oder Not wegen gegeben hätten" eingelöst werden sollen, so kann die Erbverbrüderung doch keineswegs auf die Privathinterlassenschaft bezogen werden. — Aber schon in der Erneuerung von 1431 tritt die Ausdehnung auf eine Erbfolge in die gesammte Privathinterlassenschaft hervor, indem darin bestimmt wird, daß der letzte Fürst testamentarisch nicht über 10000 Gulden verfügen dürfe, daß Erbansprüche seiner weiblichen Verwandten gar nicht anerkannt werden, sondern nur den eventuell vorhandnen Töchtern und Schwestern, die noch nicht verheirathet sind, bestimmte Summen für die Ausstattung ausgesetzt werden. In der Erneuerung von 1555 wird mit weitläufigen Worten ausgesprochen, daß die Succession auf das ganze Vermögen des letzten Fürsten gehen soll; auf: „Fürstenthum, Graffschaften, Herschaften, Lehen- und Pfandschaften, mit Lannden und Leuten, Erbe, Eigen, Kleinodien, Geschütz und zugehöriger Artolerey."[216]) — Soweit diese Festsetzung der Erbverbrüberung sich auf Familienfideicommißgüter bezieht, läßt sie sich leicht aus den Grundsätzen der successio ex pacto et providentia majorum erklären. Wenn der Stifter eines Familienfideicommisses ein Vermögen gleichsam schließen kann und die Erbfolge in dasselbe sowie die Successionsordnung in Bezug auf die Mitglieder seiner Familie festzusetzen vermag, so ist es nur consequent, ihm auch zu gestatten, diejenigen zu bestimmen, denen nach dem Erlöschen seiner Familie dieses geschloßne

---

216) Die Erneuerungen von 1587 und 1614 lauten fast wörtlich gleich.

Vermögen anfallen solle.²¹⁷) In analoger Weise wie der Lehnsherr die Erbfolge in das Lehnsgut für den Fall des Erlöschens der Familie des Vasallen festsetzen kann, kann auch der Stifter das Schicksal des Fibeicommißgutes über die Dauer der Familie hinaus regeln. Da sich in der Erbverbrüderung keine Bestimmungen finden für die Erbfolge in dieses Familienfideicommißgut, sich die Erbverbrüderung aber im ganzen an die Grundsätze der Belehnung zur gesammten Hand anlehnt, so muß für diese Erbfolge eine Theilung zu gleichen Theilen unter die Mitglieder des erbverbrüderten Hauses angenommen werden, sofern die Staatsverfassung nicht Bestimmungen enthält, denen zu Folge das Hausfideicommiß auf den jedesmaligen rechtmäßigen Regenten übergehen soll.²¹⁸) —

Ganz singulär ist dagegen die Festsetzung der Erbfolge in das freie, selbsterworbne Privateigenthum des letzten Fürsten. Sie kann nur angesehen werden als ein Erbeinsetzungsvertrag, dem zu Folge ein noch Ungeborner in die freie Privathinterlassenschaft eines noch Ungebornen in dem kommenden Falle succediren soll, und zwar in der Weise, daß dem zu Beerbenden zu freier testamentarischer Verfügung eine verhältnißmäßig nur geringe Summe gelassen wird und daß alle nach gemeinen Rechten zur Erbschaft Berechtigten ausgeschlossen werden. Die Schicksale eines freien Vermögens werden bestimmt von solchen, die zu diesem Vermögen in gar keiner Beziehung stehen, Privatrechte von Personen werden beschränkt oder gänzlich aufgehoben, die erst nach mehrern Jahrhunderten zur Existenz kommen. Fassen wir die Einheit des fürstlichen Hauses noch so streng, dehnen wir die Autonomie des fürstlichen Hauses zur Erlassung von Hausgesetzen noch so weit aus, so ist es doch unmöglich, daß hierdurch die Rechte der Einzelindividuen auf ihr freies, selbsterworbnes Vermögen gänzlich

---

217) Vgl. Gerber deutsches Privatrecht (8. Aufl.) S. 690 u. ff.
218) Siehe z. B. Verfassung des Königreichs Sachsen § 20 Absatz 3.

vernichtet werden könnten. Solche Ausnahmsbestimmungen, welche von dem gemeinen Rechte und den den reichsständischen Familien eigenthümlichen Rechtsinstituten so völlig abwichen, konnten zur Reichszeit nur dadurch zu rechtlicher Giltigkeit gelangen, daß sie vom Kaiser bestätigt und diese Bestätigung als ein Privilegium dem Hause verliehen wurde.²¹⁹) Daß aber Hausverträge, die zur Reichszeit Giltigkeit hatten, auch nach Auflösung des deutschen Reichs in unverändertem Rechtsbestand fortdauern, ist unbestritten. Im Falle der eröffneten Erbschaft muß auch bei dieser Vermögensmasse gleiche Theilung nach Köpfen stattfinden. —

Was nun die einzelnen Bestimmungen in Bezug auf die Hinterlassenschaft des letzten Fürsten betrifft, so ist folgendes zu bemerken. Nach der letzten Erneuerung der Erbverbrüderung von 1614 darf der letzte der Fürsten aus dem Mannsstamm des einen der erbverbrüderten Häuser letztwillig verfügen nur über bewegliche Gegenstände, deren gemeinschaftlicher Werth die Summe von 30000 Gulden nicht überschreitet. Selbstverständlich darf er nur über sein Privatvermögen solche testamentarische Bestimmung treffen, und wenn dieses die angegebne Summe nicht erreichen sollte, darf er dieselbe keineswegs aus dem Vermögen ergänzen, das zwar verfassungsmäßig als Eigenthum des regierenden Hauses anerkannt ist, das aber nur zu den in der Verfassung bestimmten Zwecken verwandt werden darf oder unveräußerlich ist.²²⁰) Sind bei dem Erlöschen des Mannsstamms Prinzessinnen des Hauses vorhanden, die schon verheirathet sind, so ist diesen jeder Anspruch an das Vermögen des Verstorbnen entzogen. Sie können weder einen

---

219) Vgl. Pütter Beyträge Bd. II. S. 179 u. ff. Zöpfl Staatsrecht Bd. I. § 214. Die kaiserlichen Bestätigungen der sächsisch-hessischen Erbverbrüderung erstrecken sich auf alle in derselben enthaltnen Bestimmungen; so siehe z. B. die Bestätigung von 1434.

220) So sagt z. B. die Verfassung des Königreichs Sachsen § 20 in Betreff des Königlichen Hausfideicommißguts: „Dasselbe ist von dem Lande unzertrennbar und unveräußerlich." Großh. hessische Verfassung § 7.

Pflichttheil, noch eine Abfindungsquote fordern.²²¹) In Betreff der unverheiratheten Prinzessinnen sind dagegen folgende Bestimmungen getroffen: ist nur eine unverheirathete Prinzessin vorhanden, so soll sie eine Abfindungssumme von 44000 rheinischen Gulden erhalten, wenn zwei da sind, jede 34000 Gulden, und wenn mehrere, jede 24000 Gulden. Dann aber: „soll man ihnen keine weitere Besserung noch wegen Väterlicher, Mütterlicher oder Brüderlicher Erbschaft, Legitima oder aller anderer Angefälle, was mehr zu reichen, zu geben oder folgen zu lassen schuldig sein; sondern sie sollen mit obberürten Summen aller ihrer Forderung so sie zu haben gedechten, allenthalben vergnügt und abgericht sein und bleiben und sich hierüber keiner Succession oder anderer Anforderung an den Heußern Sachsen und Hessen anmaßen in keinerley Weiße oder Wege." — An der fortdauernden Giltigkeit dieser Bestimmungen ist nicht zu zweifeln und wenn sie auch, vornehmlich in Betreff der ausgesetzten Summen, den heutigen Anforderungen des fürstlichen Standes und dem gegenwärtigen Werth des Geldes nicht mehr angemessen erscheinen, so können diese Thatsachen höchstens Billigkeitsgründe sein, welche die Erben veranlassen werden die eingetretnen Veränderungen zu berücksichtigen; eine rechtliche Verpflichtung aber zu erzeugen, werden sie nicht im Stande sein.²²²) Sind dagegen die Summen der Apanagen und Ausstattung der Prinzessinnen des regierenden Hauses nicht nur durch eine Vereinbarung der Mit-

---

221) Der verheiratheten Prinzessinnen wird zwar in der Erbverbrüderung gar nicht gedacht. Da aber ganz allgemein bestimmt wird, daß das gesammte Vermögen dem erbverbrüderten Hause anheim fallen soll, bestimmte Ausnahmen aber nur in Betreff der unverheiratheten Prinzessinnen gemacht werden, so ist hieraus mit Sicherheit zu schließen, daß den verheiratheten Prinzessinnen jeder Anspruch entzogen ist.

222) Das Gegentheil behauptet Beseler (Erbverträge Bd. II. Abth. II. S. 106); jedoch ohne Angabe eines juristischen Grundes. Daß im Innern des ausgestorbenen Hauses neuere Bestimmungen über die Ausstattung der Töchter getroffen worden sind, die aber das erbverbrüderte Haus nicht ausdrücklich anerkannt hat, kann für die juristische Beurtheilung der Frage von keinem Einfluß sein, da die Bestimmungen der Erbverbrüderung durch einseitige Festsetzungen eines Hauses nicht geändert werden können. —

glieber des betreffenden Hauses hausgesetzlich festgesetzt, sondern auch durch ein verfassungsmäßig erlassnes Gesetz der Aenderung entzogen, dann beruht die Verpflichtung diese gesetzlich bestimmten Apanagen und Aussteuer zu zahlen, nicht mehr auf der Erbverbrüderung, sondern auf einem Staatsgesetz, und derjenige, der in Folge der Erbverbrüderung die Regierung übernimmt, ist, wie zur Erfüllung aller andern Gesetze, so auch zur Ausführung dieses Gesetzes verpflichtet. Es wird also in dem betreffenden Fall darauf ankommen, zu untersuchen, welchen Charakter die Bestimmungen über Apanage und Aussteuer in dem einzelnen Staate haben. [223] —

Die Erbfolge des erbverbrüderten Hauses ist den angeführten Bestimmungen der Erbverbrüderung zufolge unzweifelhaft eine Universal-

---

[223] In Betreff des Königreichs Sachsen S. die Verfassung § 23 Absatz 2; das mit den Ständen vereinbarte Hausgesetz vom 30. Dezember 1837 (Bülau Verfassungen des deutschen Staatenbundes Abth. III. S. 69) § 16—41; in Betreff des Großherzogthums Hessen Vgl. Denkschrift, die bei der Vermählung einer Prinzeißin im Großherz. Hessen herkömmlichen Dotalgelder betreffend. Darmstadt 1866. Großherzogthum Weimar S. Schweitzer Oeffentliches Recht des Groß. S. Weimar Bd. I. § 30. Altenburg. Grundgesetz § 30. 31.

Nicht ohne Schwierigkeit ist die Frage, ob ein Fürst eines erbverbrüderten Hauses ein Familienfideicommiß stiften kann mit der Bestimmung, daß, im Falle die männliche Nachkommenschaft des Stifters aussterben sollte, das Familienfideicommiß an seine weibliche Nachkommenschaft fallen soll. Dieser Art war die Fibeicommißstiftung des Königs Friederich August II. vom 3. Mai 1737 und 6. Juni 1747. Die Frage hat in diesem Falle ihre Erledigung dadurch gefunden, daß in Folge der neuen Verfassung die betreffenden Bestimmungen dieses Fibeicommisses aufgehoben worden sind und dasselbe „als vom Lande unzertrennlich und unveräußerlich" erklärt worden ist (Verfassung § 20. Vgl. Landtagsakten vom Jahre 1831 Bd. IV. S. 2238. 2284. Mittheilungen über die Verhandlungen des Landtags von 1836/37. I. Kammer Bd. III. S. 158). Im allgemeinen ist aber wohl zu sagen, daß die Giltigkeit einer solchen Stiftung eine bedingte ist. Stirbt der männliche Nachkommen des Stifters, während andere Linien desselben Hauses noch blühen, so unterliegt die Giltigkeit der fibeicommissarischen Verfügung keinem Zweifel; erlischt mit ihm aber das ganze fürstliche Haus, so können die durch die Erbverbrüderung Berechtigten dieselbe mit Fug anfechten. Die Verfügungsgewalt der erbverbrüderten Fürsten über ihr Vermögen reicht nur bis zu dem Zeitpunkt, wo das Haus ausstirbt. Von diesem Moment an muß jede privatrechtliche Bestimmung über irgend einen Bestandtheil des Vermögens des letzten Fürsten vor der Erbverbrüderung zurücktreten.

succession und demgemäß muß der Erbe die Schulden des verstorbnen Fürsten ohne Einschränkung zahlen. Ausdrücklich wird dies auch in der Erbverbrüderung vorgeschrieben, so in der Erneuerung von 1614: „Were auch, daß dieselbe abgegangene Partey umb ihr und ihrer Lande Nutze oder Noth wegen Schloß, Gülte oder Güter versetzt hette, oder sonst schuldig were, solche Versetzung und Schuld soll die andere unter uns Parteyen an die das abgangene Fürstenthumb, Grafschaften lehmen, denjenigen, denen die Versatzung geschehen und den man schuldig wehre, nach Laut der Brieve darüber gegeben oder wie solche Versetzung und Schuldt anders kundlich were, unverrückt und gäntzlich halten und Bezahlung thun, auch ohne alles Gefehrde." —

Schließlich bleibt uns noch die Untersuchung einer Ansicht übrig, die sowohl von den erbverbrüderten Fürsten selbst nicht selten aufgestellt, als auch von mehrern Schriftstellern lebhaft vertheidigt worden ist; die Ansicht nemlich, daß einzelne Bestimmungen der Erbverbrüderung auch für den Fall getroffen worden seien, daß einzelne Linien eines erbverbrüderten Hauses erlöschen sollten. Schon oben haben wir die Behauptung zurückgewiesen, daß in der Erbverbrüderung die Untheilbarkeit der Länder der einzelnen Häuser festgesetzt wäre. Ebenso unbegründet scheint uns die Ansicht zu sein, daß in der Erbverbrüderung eine Successionsordnung für die einzelnen Häuser enthalten sei.[224]) Sie sucht sich auf folgende Stelle der Erneuerung von 1555 zu stützen: „Da auch eine Parthey nicht gänzlich sondern ezliche Fürsten eines Hauses, es wäre Sachsen oder Hessen ohne mennliche Leibslehns Erben abgingen, so sollen alsdann dem oder den nechsten mennlichen Lehnserben desselbigen Stammes und Hauses des abgegangnen Land, Leut und alle deren Zugehörungen, wie oben ercleret, allenthalben angefallen sein und bleiben." Läßt sich nun

---

224) Hauptsächlich wird diese Ansicht vertheidigt von B. W. Pfeiffer Ueber die Ordnung der Regierungsnachfolge in dem Sächs. Fürstenhause. (1826) S. 418 u. ff.

schon im allgemeinen kein stichhaltiger Grund angeben, der die Fürsten zweier verschiedner Häuser bewogen haben sollte, in einem Vertrage, der die innern Verhältnisse des einzelnen Hauses in seinem Hauptinhalte gar nicht berührt, durch eine Nebenstimmung ein so wichtiges Verhältniß wie die Erbfolgeordnung zu regeln,²²⁵) so scheint auch dem angeführten Satz keineswegs eine dahingehende Bedeutung beigelegt werden zu dürfen. Legt man denselben in ungezwungener Weise aus, so sagt er weiter nichts, als daß im Falle des Aussterbens einer Linie das erbverbrüderte Haus noch keine Ansprüche erheben könne, sondern die andern Linien desselben Hauses zufolge der Successionsordnung eintreten sollten. Nach anderer Auslegung soll jedoch in den Worten „dem oder den nechsten mennlichen Lehnserben" eine Anerkennung der Grabualerbfolgeordnung enthalten sein, weil der Ausdruck „nechster Erbe" sich in der Sprache des sächsischen Lehnrechts auf die Grabualfolge beziehe. Aber wir haben keine Stelle finden können, in denen der einfache Ausdruck „nächster Erbe" unzweideutig in sich das Grabualprinzip enthält; gerade im sächsischen Lehnrecht deutet nicht der Ausdruck „nächster Erbe", sondern der „nach der Sippzahl" auf die Grabualordnung hin. ²²⁶) Aber selbst wenn eine oder die andere Stelle beigebracht werden würden, in der jene Worte zweifelslos sich auf das Grabualprinzip bezögen, so wäre damit nur bewiesen, daß sie diesen

---

225) Pfeiffer (a. a. O. S. 421) gibt hierfür folgende Gründe an: 1. Sachsen und Hessen seien als stammverwandte Fürstenhäuser anzusehen, weil sie beide in weiblicher Linie von dem Landgrafen Hermann I. von Thüringen († 1215) abstammten. 2. Die erbverbrüderten Häuser hätten großes Interesse daran gehabt, Erbfolgestreitigkeiten innerhalb des einzelnen Hauses zu verhindern. 3. Auch sonst fänden sich ähnliche Bestimmungen in Erbverbrüderungen; so z. B. in der Erbverbrüderung der Grafen von Hanau aus dem Jahre 1610. Die beiden ersten Gründe bedürfen keiner Widerlegung; der britte aber ist geradezu unrichtig, das von Pfeiffer angeführte Beispiel ist keine eigentliche Erbverbrüderung, sondern ein Hausvertrag unter Mitgliedern eines und desselben Hauses (S. Moser Familien-Staatsrecht Bd. I. S. 874).
226) Die von Pfeiffer (a. a. O. S. 325) angeführten Beispiele haben alle diesen Zusatz. Vgl. Schulze das Recht der Erstgeburt S. 384.

Sinn haben könnten, nicht daß sie ihn haben müßten. Der Herzog Ernst von Gotha und die Herzöge von Weimar scheinen zwar allerdings in dem Vertrage, den sie 16. Mai 1672 über die altenburgische Erbschaft schlossen, die Grabualfolge auf die Erbverbrüderung zu stützen beabsichtigt zu haben, wenn sie dieselbe festsetzen „nach Ausweis der Erbverbrüderung und kaiserlicher gemeiner Rechte." [227] Aber daß die Partheien, wenn es ihnen vortheilhaft dünkte, sich auf die Erbverbrüderung zu stützen, ihr diese Ausdehnung gaben, beweist noch nicht, daß die Erbverbrüderung sich wirklich so weit ausdehnen lasse. Daß diese Auslegung aber durchaus nicht als die richtige anerkannt wurde, beweist die ganze Successionsgeschichte der Häuser Sachsen und Hessen. [228]

Häufiger noch wurde die Behauptung aufgestellt, daß die Bestimmungen der Erbverbrüderung in Betreff der Ausstattung unverheiratheter Prinzessinnen auch für den Fall zur Anwendung zu bringen seien, daß innerhalb eines Hauses eine Linie ausstirbt. [229] Mit großem Eifer wurde besonders im 16. und 17. Jahrhundert diese Ansicht vertheidigt und als bequeme Handhabe benutzt, um die Cognaten ihres Erbrechts zu berauben. Vornehmlich waren es die Ernestinischen Fürsten, welche diese Ausdehnung der Erbverbrüderung für begründet hielten und zur Anerkennung zu bringen suchten. — Da die Erbverbrüderung bis zu dem von ihr bestimmten Fall des Aussterbens eines Hauses den Parteien die volle freie Verfügung über ihr Vermögen läßt, so wäre die durch sie statuirte allgemeinere Ausschließung der

---

227) Bei Pfeiffer a. a. O. S. 469. Auch Röber Archäologie der teutschen Lehnsverfassung Nachtrag S. 28 bezieht diese Stelle auf die Erbverbrüderung von 1555.

228) Siehe dieselbe bei Schulze a. a. O. S. 261—269. 291—293. 404—415. 425—428.

229) In der Literatur gehören zu den Anhängern und Vertheidigern dieser Ansicht hauptsächlich der Verfasser des Aufsatzes über die Geschichte der brandenburgischen Familienfideicommisse in Hänlein und Kretschmann Staatsarchiv der Königl. Preußischen Fürstenthümer in Franken. Bd. I. S. 207 u. ff. (1797) und E. Vehse De Pacto Confrat. Saxo-Hass. p. 43 u. ff. —

Töchter von der Erbfolge eine völlig singuläre Festsetzung, die mit dem eigentlichen Inhalte der Erbverbrüderung in keinem Zusammenhang stände. Sie müßte in unzweideutigen Worten in der Urkunde enthalten sein und alle Bedingungen müßten erfüllt sein, welche zur rechtlichen Giltigkeit einer solchen Ausschließung der Cognaten erfordert werden. Diese Bestimmung soll sich nun aber schon vorfinden in den Erbverbrüderungen von 1373 und 1431, wenn sie in denselben mit direkten Worten auch nicht ausgesprochen sei. Aber da in denselben die Cognaten zu Gunsten eines fremden Hauses ausgeschlossen seien, so begreife diese Ausschließung schon die Ausschließung zu Gunsten des eignen Hauses in sich.[230] Daß diese rein willkührliche Behauptung keinen Beweis liefert, wird wohl keinem Zweifel unterliegen. Weiterhin soll sich aber eine ausdrückliche Bestätigung dieser Ansichten finden in jener schon oben angeführten Stelle der Erneuerung vom Jahre 1555, in der es heißt, daß in dem angegebnen Falle „dem oder den nechsten mennlichen Lehnserben desselbigen Stammes oder Hauses Land, Leute und alle deren Zugehörungen angefallen sein" sollen. — Aber wir sehen nicht, wie diese Worte sich auf die gesammte Vermögensmasse des Verstorbnen beziehen können; fahrende Habe kann doch kaum darunter begriffen sein. Wir sind vielmehr der Ansicht, daß sie auf weiter nichts sich beziehen, als auf die Lehen und die Landeshoheit. Der Schwerpunkt dieser Stelle liegt überhaupt, wie wir schon oben gesagt haben, gar nicht in der Bestimmung einer Erbfolgeordnung; sie sagt nichts weiter, als daß die Nachfolge in die Lehen und in die Landeshoheit den Lehnserben zustehen solle. Die Stelle ist darauf

---

230) Diese Begründung wird aufgestellt von F. Vehse (De Pacto Confrat. Saxo-Huss. p. 45 sqq). Consequenter Weise müßte Vehse aus diesem Grunde auch schließen, daß die Beschränkung der Testirfähigkeit sich ebenfalls auf den Fall beziehen müsse, daß einzelne Linien aussterben. Dies thut er aber keineswegs (S. a. a. O. p. 112).

gerichtet, daß das erbverbrüderte Haus keine Ansprüche früher erheben kann, als bis das andere Haus gänzlich ausgestorben ist. [231]) —

Im 16. Jahrhundert war allerdings der Vorschlag gemacht worden, der Erbverbrüderung diese Ausdehnung zu geben; so findet sich in einer Schrift, "Bemerkungen zu der Erbverbrüderung", die wahrscheinlich bei Gelegenheit des Fürstentags zu Naumburg 1520 abgefaßt worden ist, folgende Stelle: [232]) "Hierbey soll klerlich versehen sein, das die Erbverbrüderung solte nicht allein so zu verstehen seyn, alß solte dieselbige halten vnd blnben zwischen denen churfürstlichen vnd fürstlichen Heusern off den Fall des einen Theils Absterbens ins gemeine, Sondern solte auch mitler Weill vnnder Jzlichs Hauses lebenden Agnaten vnd Personen gehalten werden." Ist in dieser Stelle die besprochne Ausdehnung der Erbverbrüderungsbestimmungen verlangt worden, was bei der unklaren Fassung der Stelle keineswegs sicher ist, so ist diesem Verlangen jedenfalls nicht entsprochen worden. Der Wortlaut der Erbverbrüderung spricht klar und unzweideutig nur von dem Falle, daß das ganze erbverbrüderte Haus ausgestorben ist; eine weitere Ausdehnung ist nicht zulässig. So heißt es in der Erbverbrüderung: "es ist auch in dieser vnnser Bruderschafft nemlichen beteybingt, ob eintche vnber vns vorgenanten Parthien also an eliche menliche Geburt abginge vnd doch Töchter .... nach sich ließe, daß alsbann die andere Parthey, auff die des Abgegangen Fürstenthumb vnd Lande in maßen wie vorgeschrieben stedt, verstorben were, dieselben Töchter.... außsetzen soll." —

Doch schon im 15. Jahrhundert haben sich die Fürsten auf die

---

231) Behse (a. a. O. p. 57.) glaubt, daß durch die Stelle die Cognaten von der gesammten Erbschaft ausgeschlossen wären, daß durch sie die Fürsten ein ewiges Fideicommiß mit bestimmter Erbfolge gegründet hätten. Auf welche Weise das selbsterworbne Vermögen des einzelnen Fürsten mit diesem Fideicommiß vereinigt werde, oder wie damit die Testirfähigkeit, die er selbst zugesteht (p. 112), zu verknüpfen wäre, sagt er nicht.

232) Alte Erbverbrüderungshändel 1373—1555. Fol. 223. (Dresb. St.-Arch.).

Erbverbrüderung berufen, um jeden Anspruch der Töchter und Cognaten an die Allodialerbschaft zu beseitigen und nicht selten wurde diese Berufung schließlich auch von der Gegenpartei als beweiskräftig anerkannt. Aber dadurch hat in keiner Weise die behauptete Ausdehnung der Erbverbrüderung rechtsgiltig und auch für die Nachkommen verbindlich werden können. Daß die Agnaten nicht durch eine falsche Interpretation ihre Rechte zu Ungunsten der Cognaten einseitig ausdehnen können, ist wohl unbestritten, und wenn in manchen Fällen einzelne Cognaten dieser falschen Interpretation zustimmten, so kann darin höchstens ein persönlicher Verzicht auf die ihnen zustehenden Rechte gesehen werden, keineswegs können sie aber dadurch auf die Rechtsansprüche anderer Cognaten eingewirkt haben. Niemanden kann es angesonnen werden, sich eine Beschränkung seiner Rechte gefallen zu lassen, weil andere vor ihm, sei es aus welchem Grunde es sei, sich eine solche Beschränkung haben gefallen lassen. Auch haben in der That die neuern Haus- und Verfassungsgesetze auf diese falsche Auslegung der Erbverbrüderung keine Rücksicht genommen und unabhängig von ihr die Rechtsverhältnisse der Töchter und Cognaten geregelt. —

Zum ersten Male scheint man sich zu dem Zwecke, die Erbansprüche der Cognaten auszuschließen, auf die Erbverbrüderung berufen zu haben bei den Streitigkeiten, die sich an die Katzenellenbogenische Erbschaft knüpften. Landgraf Heinrich IV. von Hessen hatte die Erbtochter des letzten Grafen von Katzenellenbogen geheirathet, und deren Tochter Elisabeth hatte sich, als sie sich mit dem Grafen von Nassau vermählte, zu einem Verzichte ihrer Ansprüche aus der mütterlichen Erbschaft bewegen lassen (1482).[233] Um jedem Versuche, von diesem Verzichte zurückzutreten und trotz desselben Ansprüche zu erheben, zuvorzukommen, hatte der Landgraf Wilhelm der Jüngere, der Bruder Elisabeths, mit seinen Oheimen, den Landgrafen Wilhelm dem Aeltern

---

233) S. diesen Verzicht bei Müller Reichstagstheatr. unter Max I. Bd. I. S. 605.

und dem Mittlern einen Vertrag geschlossen, daß für den Fall, daß er ohne männliche Nachkommenschaft stürbe, jeder seiner beiden Schwestern eine Abfindungssumme von 50000 Gulden abgegeben werden solle (1487). Da diese Summe die in der Erbverbrüderung bestimmten Abfindungssummen bedeutend überschritt, so wurde darin eine Verletzung der Erbverbrüderung gesehen und deßhalb zu dem Abschluß dieses Vertrags die sächsischen Fürsten beigezogen. Ausdrücklich wurde dabei bestimmt, daß „diese gutliche Abrede sunst in andern Sachen vnd Fellen der vorgerurten erblichen Bruderschafft kein Verletzung, Irrung, Hinterniß, Eingang oder Abbruch bringen noch thun soll, in kein Weiß, sondern dieselb vnnser Bruderschafft soll nach allem irem Inhalt vor crefftig vnd mechtig gehalten werden, seyn vnd pleiben." [234]) Gegen diesen Vertrag protestirten die Schwestern des Landgrafen und ein langer Rechtsstreit entspann sich, der erst im Jahre 1557 geschlichtet wurde. Die sächsischen Fürsten traten in demselben als Nebenintervenienten der hessischen Landgrafen auf, indem sie behaupteten, die Ausschließung der Töchter und Schwestern von der ganzen Erbschaft sei in der Erbverbrüderung festgestellt und in Folge davon seien sie zur Intervention berechtigt. [235])

Späterhin wurde von dem Herzoge Heinrich von Sachsen die erwähnte Ausdehnung der Erbverbrüderungsbestimmungen behauptet, als nach dem Tode seines Bruders Georg im Jahre 1539 dessen Schwiegersöhne, Landgraf Philipp von Hessen und Kurfürst Joachim II. von Brandenburg, Ansprüche an die Allodialhinterlassenschaft machten. Nach mancherlei Streitigkeiten und Deduktionen [236]) kam ein Vergleich zu

---

234) Der Vertrag wurde abgeschlossen Erfurt 12. September 1487. Vgl. oben S. 27.

235) So appellirte z. B. im Jahre 1539 der Landgraf Philipp mit sächsischer Intervention gegen das Urtheil des kaiserlichen Commissarius (Erbverbrüderungen 1457—1555. Fol. 201. 204. Dresd. St.-Arch.).

236) Auf den Rath seiner Landstände hatte Herzog Heinrich mehrere Rechtsgelehrte um Gutachten angegangen; unter andern auch den bekannten Juristen Melchior

Stande, dem zu Folge die Schwiegersöhne zwar einen Theil der Erbschaft erhielten, aber erklären mußten, daß dies kein Präjudiz für spätere Fälle sein und der Erbverbrüderung und ihren Bestimmungen keinen Abbruch thun soll.[237] Sowohl in dem 16. wie in dem 17. und 18. Jahrh. finden wir häufig die Erbverbrüderung dazu benutzt, die Töchter gegen eine geringe Abfindungssumme ihres Erbrechts zu berauben, sowohl von Seiten der hessischen wie der sächsischen Fürsten beider Linien. Einzelne Anführungen werden als Beweis genügen. Auf die Erbverbrüderung berufen sich aus dem angegebnen Grunde das Testament des Landgrafen Ludwig IV. von Hessen von 1586,[238] die hessischen Erbverträge von 1628 und 1638,[239] das Testament des Herzogs Ernst des Frommen von Gotha von 1654 und 1672,[240] das Testament des Herzogs Friedrich Wilhelm von Altenburg von 1668.[241] Nach des letztern Tode (1672) machte seine Schwester, die mit dem Herzoge von Sachsen-Weissenfels vermählt war, Ansprüche an seine Allodialhinterlassenschaft. Aber der Kurfürst Johann Georg von

---

von Ossa, der damals Professor zu Leipzig war. Dieser spricht sich mit Entschiedenheit dahin aus, daß die Erbverbrüderung nur auf den Fall des Aussterbens des ganzen Hauses sich beziehen kann: Und das es mit obangezeigter Vorordnung (die Erbverbrüderung) diese Meinung gehabt, erscheinet auch aus deme, das solche Vorsehung vie es mit der Tochter Abfertigung solte gehalten werden, allein vfn Fal gericht, wan ein fürstlich Geschlecht ohne Leibslehnserben genzlich abginge (Archiv der sächsischen Geschichte herausgeg. von Arndt Bd. II. S. 35). —

237) Quittung des Churfürsten von Brandenburg, Michaelis 1540: „unverschadt des Haus zu Sachsen Altherkommen, Gewohnheit, Verbrüderung und Gerechtigkeit." (Brandenburg. und Hessische Forderung bei Herzog Heinrichen 1539 Fol. 139 Dresd. St.-Arch.). Quittung des Landgrafen 1541 Sonnabends nach Galli „doch in allerwege der Erbverbrüderung zwischen den Häusern Sachsen und Hessen an Abbruch." (Herzog Morizens zu Sachsen Handlung mit Landgraf Philippsen zu Hessen 1541 bis 1543 Fol. 34. Dresd. St.-Arch.).

238) Kopp Bruchstücke zur Erläuterung der deutschen Geschichte und Rechte Bd. II. S. 135.

239) Lünig Reichsarchiv Pars Spec. Cont. II. S. 776. 789. 873. Moser Familienstaatsrecht Bd. I. 696.

240) Lünig a. a. O. S. 470. 609.

241) Lünig a. a. O. S. 582.

Sachsen, dessen Vermittlung angerufen wurde, sprach sich für die Anwendbarkeit der Erbverbrüderung aus und in dem Vergleich, der den 26. Juli 1672 zu Stande kam, wird die Erbverbrüderung bestätigt und bestimmt, daß es „zuvorderst nach Anleitung der Erbverbrüderung zwischen den Häusern Sachsen und Hessen — sein gänzliches Bewenden haben solle." [242])

Als im Jahre 1618 nach dem Tode des Herzogs Moritz von Sachsen-Weida der Sohn seiner Tochter, die mit dem Landgrafen von Hessen vermählt war, an die Verlassenschaft seines Großvaters Ansprüche erhob, wurde ihm die Erbverbrüderung entgegengehalten. Obwohl er die Anwendung derselben zuerst mit den besten Rechtsgründen bestritt, so mußte er doch in einem später zu Stande gekommen Vergleich anerkennen: „daß das allegirte beständige Herkommen des hohen chur- und fürstlichen Hauses zu Sachsen allerdings begründet und richtig war und wolle sich demnach zu Folge der Erbverbrüderung und anderer pactorum aller an gedachten Herzogs zu Sachsen-Weida Hereditât gemachten praetensiones hiermit begeben." [243])

Aber, wie gesagt, alle diese Fälle beruhen auf einer falschen Auslegung und neues Recht kann durch sie unmöglich geschaffen werden. Eine Berufung auf die Erbverbrüderung, wodurch den Cognaten ihre Erbansprüche entzogen werden sollen, ist ebenso unbegründet, wie es unbegründet war, als sich im Jahre 1744 Landgraf Ludwig von Hessen-

---

242) Moser Staatsrecht Bd. XXVI. S. 68. Der Kurfürst Johann Georg sagt in einem Schreiben vom 22. Juni 1672: „Also weil uns als capiti familiae nicht wenig obliegen die fundamentale Verfassung unsers gesammten Hauses und darunter absonderlich die Erbverbrüderung zu beobachten und dieselbe in keinem Zweifel und widrigen Verstand ziehen zu lassen." (Altenburg. Vormundschaftsakta 1672 Fol. 146 Dresd. St.-Arch.). Vgl. auch Posse Ueber die Sonderung reichsständischer Staats- und Privatverlassenschaft. S. 71.

243) Akta den zwischen J. Königl. Majestät in Pohlen und des Herrn Landgrafen zu Hessen Fürstl. Durchlaucht errichteten Receß wegen der gemachten Ansprüchen an Herzog Moritz Wilhelms Verlassenschaft betreff. 1718. Fol. 2 (Dresd. St.-Arch.).

7*

Darmstadt auf die Erbverbrüderung berufen wollte, um die Privatschulden seines verstorbnen Vaters nicht bezahlen zu müssen.²⁴⁴)

---

244) Der Landgraf bittet den Kurfürst von Sachsen (6. April 1744), in dem Prozeß, der gegen ihn bei dem Reichshofrath angestrengt worden, in Folge der Erbverbrüderung als Intervenient aufzutreten. Da die Erbverbrüderung zu einem solchen Schritt nicht die geringste Handhabe bot, so mußte das Gesuch zurückgewiesen werden. (Dresd. St.-Arch.).

Anhang.

I.

Erbhulbigung der Stadt Eschewege auf Geheiß der Landgrafen von Hessen den Landgrafen von Thüringen gethan. Eschwege 1373. 10. Juni. (Original=Urkunde im Dresd. Staatsarchiv).

Wir Hartmut phalndorf vnd Bertold Flemynk der Junge Burgemeyster, Heinrich Zeynkgreve, Heinrich vom Hayne, Hanns Petirs, Heinrich von Swebede, Heinrich Flemynk, Heinrich Houpt, Tyle Huter, Hermann Rendecke, Conrad von Tutirstad vnd Ehart von Bebendorf Ratislude vnd die ganze gemeynde, Rich vnd Arm der Stad zu Eschewege Bekennen vffinliche vnd tun kunt mit diseme geinwertige daz wir von geheizzes vnd anewisunge wegin Lantgreve Heinrich vnd Lantgreve Hermans zcu Hessen, vnsere liebin gnedige Herre den erluchte Furste Hern Friderich, Hern Balthasar vnd Hern Wilhelme gebrudere Lantgreve in Duringen vnd Marcgreve zcu Misze vnd alle ire erbn eyne rechte gesworne erbhuldunge getan habn nach haldunge vnd lut der bryfe die die vorgenanten vnsre liebin gnedige Herrn beydirsyt vnd einandir gegeben habn vnd globn yn die stete vnd ganoz zcu haldene ewigliche vnd getruwigliche an allerley argelist vnd geverde vnd habn des zcu vrkunde vnd merer sichirheit vnser Stat grozze insigil an disen bryf lazze hengen der gegebn ist zcu Eschewege nach gots geburt dryczenhundterdt jar darnach in dem dry vnd sybinczigisten jar am fritag in der heiligen phingistwoche. —

(Mit bem Stabtfiegel verfehen).

II.

Sammtbelehnung Ludwigs Erzbifchofs zu Mainz für die Markgrafen von Meiffen und Landgrafen zu Thüringen in Anbetracht der Erbverbrüderung über alle Mainzifche Lehen. Salza Urbani 1378. (Original-Urkunde im Staatsarchiv zu Dresden):

Wir Ludewig von gots gnaden des heiligen stuls zcu mencze erczbischoff, des heilige romischen richs erczcanzler in deutsche landen bekenen mit diesem bryfe als des hochgeborne furste, er Friderich, er Balthasar, er Wilhelm vnser lieben bruder uff eyne syte, vnd her Heinrich vnd er Herman Lantgrave zu Hessin, vnser liebir swager vnd ohem vff dy andire syte, sich vormals mit eynander gebundten habin als welche partie undir yn ehir abeginge one rechte libis lehnes erben das denne alle ire gute an dy andire partie gevallin sullen vnd als der allerdurchlauchtigir furste er Karl romischer Keyser zu allin geczyten vnd merer des richs vor langer zyt sie mit allen den guten, herscheften, eren, vnd würden dy von dem riche zu lehen gehen liehent hett vnd dernach sy ouch von sinem sone danen ouch von kuniglicher majestät belehent sint dyselben vnsere brudere ouch vor vns gewest sint vnd haben gebeten das wir sy als eyn erczbischoff zu mencze von vnsers stifts wegen zu mencze ouch belehnen wolden mit sulchen lehen dy von vns vnd dem egenant vnserm stifte zu lehen sint vnd darane geshen haben flissige vnd redliche bete vnd sache dy vns darzu bewegen vnd haben sy belehent vnd belehen sy ouch mit diesem bryfe mit alle den guten, eren, würden, herscheften besucht vnd vnbesucht, dy dy vorgenanten lantgreven von vns vnd dem stifte von mencze zu lehen gehabt haben vnd haben solten, also ob der egenant Lantgrave Herman abeginge ane rechte libins lehnes erbin, da got vor sy, das denne alle slosz, stete, gravescheften vnd alle syne gute besucht vnd vnbesucht wy dy genant sint addir wy dy namen gehabin mugen dy von vns vnd dem egenant vnserm stifte zu mencze zu lehen gehin vnd gehin sullin an dy obgenant hern Friderich, Balthasar vnd Wilhem vnsern lieben brudere gevallen vnd sullen vnd wollen wir, vnsere nachkommen vnd stift zu mencze sy getruwelich daby behalden, banthaben, schutzzin, schirmen vnd yn darzu behulffin sin ane alle geverde. daby sint gewest vnd sint getzugen dy edeln graven Heinrich vnd graven Herman von Bichelingen, grave Ernst von Glichen, grave Heinrich von Swarzpurg her zu Arnstete, Conrad herre zu Tannrode, Friderich von Schoneburg herren zu Gluchau, dy erbarn Johann von Eckerberge, techent zu Nuemburg, Rudiger vom Hayn, thumherr zu vnser frowen zu Erforte vnd dy gestrengen Heinrich von Loucha, Heinrich von Torgowe ritter vnd Ditrich von Bernwalde, knecht vnd andere lute gnug mit vrchunde dies bryfes mit vnserm angehenkten Jnsigel vorsigelt vnd gebin zu Salza vff Sand Urbanstag anno Dm. 1378. —

(Mit angehängtem Siegel des Erzbischofs).

III.

Kaiserliche Resolution gegeben den sächsischen, brandenburgischen und hessischen Räthen, Prag 14. Juni 1588. (Original-Urkunde des Dresd. Staatsarchivs).

Die Römisch kaiserlich, auch in Hungern und Behaim konigliche Majestät, unser allergnedigster Herr haben mit Gnaden vernommen, was die anwesenden Chur= und fürstlichen Abgesandten der Häuser Sachsen, Brandenburg und Hessen von wegen Confirmation und Bestettigung Jrer Herrschafften hiebevor aufgerichten und jüngstlich extendirten Verbrüderung und Erbeinigung bey Jrer Kay. Mjt. so mündlich so schriftlich fürbracht und gebetten haben. Nun hatten Jro Kay. Mjt. vorher gerne gesehen, das gedachte Chur= und fürstliche Gesandten etwas zeittlicher hetten mögen beantwortet und abgefertigt werden, dazu dann nit wenig fürdersam gewesen, wo die angezogne vorige alte einigungen zusambt Jrer Mjt. nächster Vorfahren am Reich nach und nach erfolgter Bestettigung (wie in dergleichen Fällen von nötten und Herkommen) in glaubwürdigen Schein weren mit einbracht und fürgelegt worden. Sintemal aber dasselbig nit beschehen, sondern den Dingen bey der Kay. Registratur erst hat nachgesucht werden müssen, ist dahero erfolgt, das sich Jrer Kay. Mjt. antwort wider dero Willen etwas verweilet, welches die Abgesandten der Häuser Sachsen, Brandenburg und Hessen zu keiner Beschwernuß auffnemen sollen. — Soviel aber die Sachen an ir selbst und die gebettne Confirmation belanget, da seyen Jro Kay. Mjt. den ansuchenden Chur und Fürsten mit freundschafft und gnaden dermassen gewogen, das die denselben nit gern ichtes, so in Jrer Kay. Mjt. Macht stehet und sich thun last, verweigern wolten. Dieweilen aber Jro Kay. Mjt. die fürbrachte Ainigung in etlichen Punkten fast wichtig und dahin gestellt befunden, das Sie

nit allein Jro Kay. Mjt. und dero Nachfahren am Romischen Kai=
jerthumb und derselben Hochhait und Macht, sonder auch das hailige
Reich und derselben Gerechtigkeiten betreffen wöllen, und dann Jro
Kay. Mjt. in vleiſſigem Nachſuchen biß dahero nichts vergleichen das
bey dero Vorfordern vorgangen were befinden mögen, So wil hirumb
Jrer Kay. Mjt. notturft in alweg erfordern, ehe und zuvor Sie sich
darüber schließlich ercleren, denen so wichtigen Dingen weitter nach=
zudenken, damit Sie sich hernachen desjenigen entschließen mögen, was
Jrer Kay. Mjt. bei derselben Nachkommen und dem Reich verant=
wortlich und den Erbverbrüderten Chur und Fürsten selbst zu besten=
diger Wolfart gebeyen sein würdt Welches hochgedachter Chur und
Fürsten Jrer Mjt. versehens zu keinem Mißfallen und Verdruß ver=
merken, auch hierzwischen Zeit und Gelegenheit haben werden, die an=
gedeuteten alten Ainigungen und darüber ervolgte kaiserliche Confir=
mation zur Handt und für zu bringen und haben Jro Kay. Mjt.
solches den Herrn Abgesandten auf fürbrachte Werbung bißmalls in
Antwort zu vermelden bevohlen; denen Jro Kay. Mjt. sambt und son=
ders zu gnaden und allem gewilten sonder wol gewogen seindt.

Signatum Prag den 14. Juni 1588. J. Kurtz. (Mit kaiser=
lichem Siegel).

IV.

Beyabschied die Confirmation bei Kaiserlicher Majestät betreffend.
Naumburg 30. März 1614 (Dresd. Staatsarchiv). —

Nachdem Wir undenbenante Chur und Fürsten der Häuser Sach=
ßen, Brandenburg und Hessen bey iziger alhier beschehener renovatio
der Erbvereinung und Erbverbrüderung Uns freundlich und wolmei=

nend erinnert, daß zwischen den Häusern Sachßen, Brandenburg und Heßen auch eine Erbverbrüderung vor unbenklichen Jaren aufgerichtet, welche anno 1587 erneuert worden, so haben Wir bey unßerer Anwesenheit solche wiederumb vor die Handt genommen und gleichfalls wie 1587 geschehen, vollzogen, darbey aber uns vergliechen, daß weil der Römischen Kayserlichen Majestät Confirmation sowol der Königlichen Würden in Beheim als obersten Herzog in Schlesien wegen Jägerndorff und in Poln Preußens halber, sowol der vier Churfürsten Mainz, Trier, Cöln und Pfalz consens nötig, man auff bequeme Zeit und Gelegenheit, auch gute und erspriessliche Mittel gedenken solle, wann solches bey Höchstgedachter Jrer Kayserlicher Majestät und Königlicher Würden in Beheim und Poln und Jhrer Churfürstlichen L. L. L. L. underthenigst und freundlich zu suchen. Und bo einer oder der ander unter den Erbverein- und Erbverbrüderten Chur und Fürsten solche Gelegenheit sehen, befinden und spüren würde, do etwas fruchtbarliches bey Jrer Kayserlichen Majestät, Königlichen Würden in Beheim und Poln und Churfürstlichen L. L. L. L. auszurichten und die bedürfende Confirmationes und Consensus zu erhalten, solches dem Directori zu vermelden, welcher neben den andern Erbvereinten Chur und Fürsten sich alsdann einer Legation und Instruction an gehörigen Ortten zu vergleichen und die notturfft zu befördern, biß dahin aber die Eidesleistung auszustellen; Solche Vergleichung auch umb mehrer Nachrichtung Willen zu Papier bringen lassen, mit eignen Handen underschreiben und unsern Daumbsecreten bedrucket. —

Geben zu Naumburg 30. Martii 1614.

www.ingramcontent.com/pod-product-compliance
Lightning Source LLC
Chambersburg PA
CBHW020141170426
43199CB00010B/838